中等职业学校
课程改革新教材

Qiche Diangong Dianzi Jichu
汽车电工电子基础

主　　编　杨二杰　杨秀娟
副 主 编　税发莲　李　莉

人民交通出版社股份有限公司
北　京

内 容 提 要

本书参照《四川省普通高校对口招生职业技能考试大纲(汽车类)》的要求,结合相关课程标准,根据中职阶段重视基础知识和技能的培养、注重职业素质的养成教育的特点,大量利用插图,直观易懂,易学易教。本书主要内容包括:安全用电、电路和电路图、直流电路、交流电路、磁路和变压器、电动机和发电机、模拟电路、数字电路。

本书可作为中等职业学校汽车运用与维修专业的教材,也可作为对口升学考试的辅导教材。

图书在版编目(CIP)数据

汽车电工电子基础/杨二杰,杨秀娟主编.—北京：人民交通出版社股份有限公司,2022.8 (2024.12重印)
ISBN 978-7-114-18038-5

Ⅰ.①汽… Ⅱ.①杨… ②杨… Ⅲ.①汽车—电工技术—中等专业学校—教材②汽车—电子技术—中等专业学校—教材 Ⅳ.①U463.6

中国版本图书馆 CIP 数据核字(2022)第 105238 号

书　　名：汽车电工电子基础
著 作 者：杨二杰　杨秀娟
责任编辑：李佳蔚
责任校对：孙国靖　扈　婕
责任印制：刘高彤
出版发行：人民交通出版社股份有限公司
地　　址：(100011)北京市朝阳区安定门外外馆斜街 3 号
网　　址：http://www.ccpcl.com.cn
销售电话：(010)85285911
总 经 销：人民交通出版社股份有限公司发行部
经　　销：各地新华书店
印　　刷：北京市密东印刷有限公司
开　　本：787×1092　1/16
印　　张：11
字　　数：186 千
版　　次：2022 年 8 月　第 1 版
印　　次：2024 年 12 月　第 5 次印刷
书　　号：ISBN 978-7-114-18038-5
定　　价：32.00 元

(有印刷、装订质量问题的图书,由本公司负责调换)

中等职业学校
课程改革新教材编委会

(排名不分先后)

主　　　任：王永莲(四川交通运输职业学校)　　王德平[贵阳市交通(技工)学校]
副　主　任：韦生键(成都汽车职业技术学校)　　陈晓科(郴州工业交通学校)
　　　　　　张扬群(重庆市渝北职业教育中心)　刘高全(四川科华高级技工学校)
　　　　　　蒋红梅(重庆立信职业教育中心)　　余波勇(郫县友爱职业技术学校)
　　　　　　姜雪茹(成都市工业职业技术学校)　袁家武[贵阳市交通(技工)学校]
　　　　　　黄　轶(重庆巴南职业教育中心)　　徐　力(成都工程职业技术学校)
　　　　　　张穗宜(宜宾市工业职业技术学校)　刘新江(四川交通运输职业学校)
委　　　员：柏令勇　杨二杰　黄仕利　雷小勇　钟声　夏宇阳　陈瑜　袁永东
　　　　　　雍朝康　黄靖淋　何陶华　胡竹娅　税发莲　张瑶瑶
　　　　　　盛　夏(四川交通运输职业学校)
　　　　　　谢可平　王　健　李学友　姚秀驰　王　建　汤　达
　　　　　　侯　勇[贵阳市交通(技工)学校]
　　　　　　王丛明　陈凯镔(成都市工业职业技术学校)
　　　　　　韩　超(成都工程职业技术学校)
　　　　　　向　阳　秦政义　曾重荣(成都汽车职业技术学校)
　　　　　　袁　亮　陈淑芬　李　磊(郴州工业交通学校)
　　　　　　向朝贵　丁　全(郫县友爱职业技术学校)
　　　　　　石光成　李朝东(重庆巴南职业教育中心)
　　　　　　唐守均(重庆市渝北职业教育中心)
　　　　　　夏　坤(重庆立信职业教育中心)
　　　　　　周　健　向　平(四川科华高级技工学校)
　　　　　　伍鸿平(宜宾市工业职业技术学校)
丛书总主审：朱　军
秘　　　书：戴慧莉

前言

本套"中等职业学校课程改革新教材"自2010年首次出版以来,多次重印,被全国多所中等职业院校选为汽车运用与维修专业教学用书,受到了广大师生的好评。2012年根据教学需求,本套教材进行了修订,使之在结构和内容上与教学内容更加吻合,更注重对学生实践能力的培养。

为了体现现代职业教育理念,贴近汽车运用与维修专业实际教学目标,促进"教、学、做"更好地结合,突出对学生技能的培养,使之成为技能型人才,2018年8月,人民交通出版社股份有限公司吸收教材使用院校的意见和建议,组织相关老师,经过充分认真研究和讨论,确定了修订方案,再次对本套教材进行了修订。

《汽车电工电子基础》是在本套教材再版时新增加的品种。本教材围绕学生汽车维修岗位电工电子必备知识和基础操作技能培养,为汽车相关专业后续核心课程的学习奠定基础。全书分为安全用电、电路和电路图、直流电路、交流电路、磁路和变压器、电动机和发电机、模拟电路、数字电路八个部分,以电工电子的基本理论为主线,将基础知识与汽车专业知识紧密结合,培养学生的职业技能、职业素养和学习能力。同时,相关知识点配有二维码,扫码可观看数字资源。本教材特点如下:

(1)以服务学生可持续发展为宗旨,加强基础电学理论教育,强化核心技能培养,既符合了行业企业对应用型人才的技能要求,又为学生升学或就业的进一步发展奠定扎实基础。

(2)符合中等职业学校学生由感知到思考、由现象到本质的认知规律,注重对知识的通俗讲解,更注重知识的实际应用;注重专业技能的培养,更注重基础能力训练。

(3)贴合岗位需求,教材内容以岗位需求为起点,将职业技能等级证书、1+X证书、行业企业标准等内容,融入教学内容,有利于学生毕业后适应岗位技能要求。

(4)时效性强,依据最新的国家及行业标准,将汽车行业新知识、新技术和新工艺纳入教学内容。

(5)内容简洁,通俗易懂,图文并茂,易于培养学生的学习兴趣,提高学习效果。

本书由四川交通运输职业学校杨二杰、杨秀娟担任主编,四川交通运输职业学校的税发莲、李莉担任副主编,参加编写的还有四川交通运输职业学校的徐晓明、黄敏、贺希。

限于编者水平,书中难免有疏漏和错误之处,恳请广大读者提出宝贵建议,以便进一步修改和完善。

中等职业学校
课程改革新教材编委会
2022 年 4 月

目录

第一章　安全用电 ·· 1
　第一节　人体触电与电气灾害 ·· 1
　第二节　安全用电常识 ·· 9
　第三节　保护接地和保护接零 ·· 16
　自我检测 ·· 20

第二章　电路和电路图 ·· 22
　第一节　电路的基本概念 ·· 22
　第二节　电路图识读 ·· 30
　实训项目一　照明电路的连接与测量 ·· 36
　实训项目二　使用万用表测量电路物理量 ·· 39
　自我检测 ·· 41

第三章　直流电路 ·· 43
　第一节　电阻 ·· 43
　第二节　直流电路中的基本定律 ·· 47
　实训项目一　电子元器件电阻值的测量 ·· 53
　实训项目二　串联、并联电路的测量 ·· 55
　自我检测 ·· 58

第四章　交流电路 ·· 60
　第一节　交流电 ·· 60
　第二节　电容 ·· 63
　第三节　电感 ·· 69
　第四节　三相交流电路 ·· 71
　实训项目　电容器的测量与充放电实验 ·· 76
　自我检测 ·· 79

第五章　磁路和变压器 …… 81
第一节　磁场和磁路 …… 81
第二节　变压器 …… 89
实训项目　电磁继电器线圈、触点的检测 …… 95
自我检测 …… 97

第六章　电动机和发电机 …… 99
第一节　直流电动机 …… 99
第二节　三相异步电动机 …… 107
第三节　三相交流发电机 …… 115
实训项目　直流电动机的检测 …… 119
自我检测 …… 123

第七章　模拟电路 …… 125
第一节　晶体二极管和整流电路 …… 125
第二节　滤波电路和稳压电路 …… 138
第三节　晶体三极管及放大电路 …… 143
实训项目　晶体二极管的检测 …… 150
自我检测 …… 154

第八章　数字电路 …… 156
第一节　数字电路基础 …… 156
第二节　基本逻辑门电路 …… 161
自我检测 …… 166

参考文献 …… 168

第一章　安全用电

第一节　人体触电与电气灾害

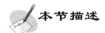
本节描述

电已经成为人们生活中不可分割的一部分,生活中随处可见用电设备和输电线路。了解触电危害和安全用电措施,才能让电更好地为我们的生活和生产服务。本节从人体触电入手,着重介绍触电类型方式、防触电的安全措施、触电事故现场应急处理、电气火灾防范及扑救等知识。

> **学习目标**
> 1. 知识目标
> (1)能描述人体触电的类型及常见原因;
> (2)能叙述电气火灾的防范措施及扑救常识。
> 2. 技能目标
> (1)能在触电现场及时采用正确的方法使触电者脱离电源;
> (2)能根据触电者的触电情况,采用正确的措施进行现场救护;
> (3)能识辨和正确使用安全防护标识。

一、人体触电

1. 人体触电的种类

(1)电击(内伤)。电击是指电流通过人体时所造成的内伤。电击会导致肌肉抽搐,内部组织损伤,造成发热、发麻、神经麻痹等,严重时将引起昏迷、窒息,甚至心脏停搏、血液循环中止等而造成死亡。

(2)电伤(外伤)。电伤是指在电流的热效应、化学效应、机械效应以及电流本身作用下造成的人体外伤,包括灼伤、烙伤、皮肤金属化等。

①灼伤。灼伤是指由电流热效应引起(主要是电弧灼伤),造成的皮肤红肿、烧焦或皮下组织损伤。

②烙伤。烙伤是指由电流热效应或力效应引起,使皮肤被电气发热部分烫伤或由于人体与带电体紧密接触而留下肿块、硬块使皮肤变色等。

③皮肤金属化。皮肤金属化是指由电流热效应和化学效应导致电极金属在高温下熔化和挥发而成的金属颗粒,在电场的作用下沉积于皮肤表面及深部,使受伤部位皮肤带金属颜色且留下硬块。

④机械性损伤。机械性损伤是指电流作用于人体时,由于中枢神经反射和肌肉强烈收缩等作用导致的机体组织断裂、骨折等伤害。

⑤电光眼。发生弧光放电时会产生大量红外线、可见光、紫外线等有害光线,这些光线会对眼睛产生伤害,使眼睛感到不适、剧烈疼痛、怕光、流泪、红肿等。

2. 人体触电的方式

人体触电方式主要分为单相触电、两相触电、跨步电压触电和高压电弧触电。

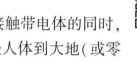
单相触电

(1)单相触电。单相触电是指人体的一部分接触带电体的同时,另一部分又与大地或零线相接,电流从带电体流经人体到大地(或零线)形成回路(图1-1)。

(2)两相触电。两相触电是指人体的不同部位同时接触两相导线(两根火线)或带电体,电流由一相通过人体流入另一相导体构成回路造成的触电(图1-2)。

两相触电

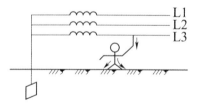

图1-1 单相触电

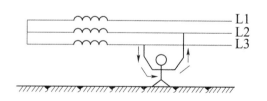

图1-2 两相触电

(3)跨步电压触电。当架空线路的一根带电导线断落在地上时,落地点与带电导线的电势相同,电流就会从导线落地点向大地流散,于是地面上以导线落地点为中心,形成了一个电势分布区域(图1-3),离落地点越远,电流越分散,地面电势也越低。如果人或牲畜站在距离电线落地点8~10m的位置,两脚之间承受跨步电压而触电,这种触电叫作跨步电压触电。

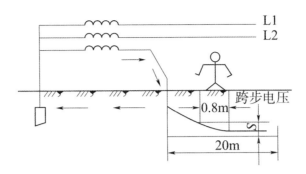

图 1-3 跨步电压触电

(4)高压电弧触电。高压电弧触电是指靠近高压线(高压带电体)造成弧光放电而触电。人体与带电体之间的最小安全距离见表 1-1。

人体与带电体之间的最小安全距离　　　　表 1-1

触电电压	最小安全距离	触电电压	最小安全距离
10kV 及以下	0.70m	330kV	4.00m
20~35kV	1.00m	500kV	5.00m
66~110kV	1.50m	750kV	6.00m
220kV	3.00m	1000kV	7.00m

3.常见的人体触电原因

常见的人体触电原因有缺乏安全用电知识、用电设备安装不合格、用电设备没有及时检查修理等。

二、防触电安全措施

1.保护接零

将电气设备的外壳与电源的中性线(俗称零线)连接起来,称为保护接零。保护接零适用于低压电系统中变压器中性点接地的情况。

2.保护接地

保护接地是指将正常情况下不带电,而在绝缘材料损坏后或其他情况下可能带电的电器金属部分(即与带电部分相绝缘的金属结构部分),用导线与接地体可靠连接起来的一种保护接线方式。保护接地适用于三相电源的中性点不接地的情况。

3.漏电保护

漏电保护是使用漏电保护器(图 1-4)防触电。漏电保护器是一种防止漏电的保护装置。漏电保护器通常分为电压型和电流型两种,主要用于低压供电系统。

图1-4 漏电保护器

4.安全标识

操作人员应能正确识别安全标识,在进行电工操作时一定要悬挂安全标识,以提醒他人注意。悬挂时,要将安全标识设置在光线充足、醒目且稍高于人视线处。安全标识颜色的含义及实例见表1-2,部分安全标识如图1-5所示。

安全标识颜色的含义及实例　　　　　　表1-2

颜　色	含　义	实　例
红色	停止、禁止、消防	停止按钮、灭火器、仪表运行极限
黄色	注意、警告	"当心触电""注意安全"
绿色	安全、通过、允许、工作	"在此工作""已接地"
黑色	警告	"当心触电"的黑色闪电符号,"注意安全"的黑色感叹符号
蓝色	强制执行	"必须戴安全帽"

图1-5 部分安全标识

第一章 安全用电

5. 屏护

屏护是指将带电体间隔起来,以有效地防止人体触及或靠近带电体,特别是当带电体无明显标识时。常用的屏护方式有遮栏、栅栏(图1-6)、警戒线(图1-7)等。

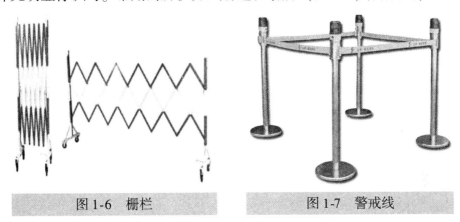

图1-6 栅栏　　　　　图1-7 警戒线

6. 个人安全防护物品及高压防护工具

如图1-8、图1-9所示,个人安全防护物品有绝缘安全帽、绝缘手套、绝缘鞋、绝缘工作服、绝缘垫及高压防护工具等,在进行操作时应正确选用所需防护物品和工具,并注意检查防护物品和工具是否正常,安全等级是否满足要求。

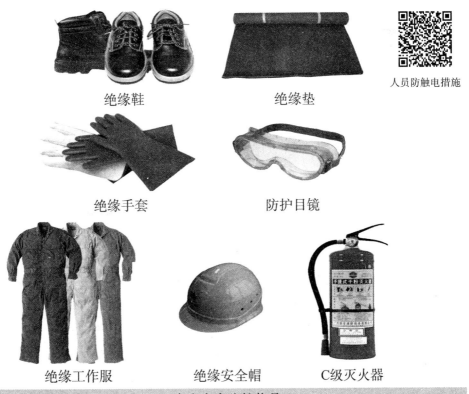

人员防触电措施

绝缘鞋　　绝缘垫

绝缘手套　　防护目镜

绝缘工作服　　绝缘安全帽　　C级灭火器

图1-8 个人安全防护物品

三、触电现场处理

触电急救的要点是动作迅速、救护得法,切不可惊慌失措、束手无策。要贯彻"迅速、就地、正确、坚持"的"触电急救八字方针"。发现有人触电,首先要尽快使触电者脱离电源,然后再根据触电者的具体症状对症施救。触电现场应急处理措施如下。

1. 使触电者迅速脱离电源

具体方法可用"拉""切""挑""拽""垫"五字来概括。

图1-9 高压防护工具

(1)"拉":就近拉开电源开关,使电源断开。

(2)"切":用带有可靠绝缘柄的电工钳、锹、镐、刀、斧等利器将电源切断。

(3)"挑":如果导线搭落在触电者身上或压在身下,可用干燥的木棒、竹竿等将导线挑开。

(4)"拽":用救护人戴上的手套或在手上包缠干燥的衣物等绝缘物品拖拽触电者脱离电源。

(5)"垫":如果触电人由于痉挛手指紧握导线或导线绕在身上,可先用干燥的木板或橡胶绝缘垫塞进触电人身下使其与大地绝缘,隔断电流通路。

2. 正确实施现场救护

触电急救必须分秒必争。据统计资料,触电者在3min内被就地实施有效急救,救活率在90%以上;6min后才被实施有效急救,救活率仅为10%;12min后才被实施有效急救,救活率几乎为0。所以,对救护者的要求是:救护要及时,救护方法要正确。

(1)电击的处理。

①判断触电者是否假死:观察触电者的胸部、腹部有无起伏动作;用耳贴近触电者的口鼻处,听有无呼气声音;用手或小纸条试测口鼻有无呼吸的气流,再用两手指轻压一侧喉结旁凹陷处的颈动脉,感觉有无搏动。

②若触电者呼吸和心跳均未停止,应立即将触电者平躺位置休息,以减轻心脏负担,并严密观察呼吸和心跳的变化。

③若触电者心跳停止,呼吸尚存时,应对触电者做胸外按压(人工循环)。

第一章　安全用电

④若触电者呼吸停止,心跳尚存时,应对被救者做人工呼吸。

⑤若触电者无意识、无呼吸、无心跳,快速呼救并拨打急救电话。施救者立即并持续进行心肺复苏。成人心肺复苏流程如下。

将被救者仰卧置于平地或硬板上,暴露胸部。施救者于被救者身体一侧,两腿自然分开与肩同宽,使施救者的中线对齐被救者乳头连线。

人工呼吸(此处讲述口对口吹气)。施救者双手托住被救者脸颊,用两拇指同时下压下颌,使被救者张嘴,侧头观看口腔内是否有异物,发现固体异物,应用一手食指弯曲托住下颌,同时大拇指压住被救者的下唇使其张嘴,用另一手指将固体异物钩出或用两手指交叉从口角处插入,取出固体异物,操作中应注意防止将固体异物推到喉咙深部。通过仰头抬颌法、双手举颌法等打开气道。开放气道后,保持被救者气道通畅,施救者用拇指和食指捏紧被救者鼻翼,平静吸气后,用嘴严密包合被救者口周,缓慢吹气,持续1s以上,观察被救者胸廓起伏,吹气结束,口唇离开、放开捏住的鼻孔,让气体被动呼出(图1-10)。在吹气时应避免过快、过强。吹气频率8～10次/min(被救者年龄>1岁)。

图1-10　口对口人工呼吸

胸外按压(被救者年龄为含8岁以上)。迅速确定按压的部位,胸骨中线与两乳头连线交汇点或胸骨下半部即为按压位置(图1-11)。施救者一只手掌跟放在按压部位上,另一只手重叠在前一只手上,两手掌根相重叠,手指翘起,上体前倾,两肩位于被救者胸骨正上方,两臂伸直,以髋关节为支点,利用上身的重力垂直用力向下按压(图1-12)。按压深度5～6cm,频率100～120次/min。每次按压后应使胸廓充分回弹,尽量减少胸外按压的中断,同时应避免过度通气。按压呼吸比30∶2。

注意:开放气道后,施救者应立即进行两次人工呼吸,人工呼吸时应暂停实施胸外按压。在不中断实施心肺复苏的同时,应尽快就近获取自动体外心脏除颤仪(AED)进行心脏除颤。

(2)电伤的处理。

①一般性的外伤创面,有条件者可以用生理盐水清洗伤口后,用消毒纱布或干净的布包扎,然后送医院治疗。

②伤口大出血时应立即设法止血,同时火速送医院治疗。

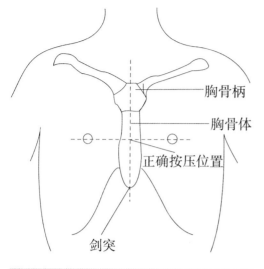

图1-11 胸外按压定位图

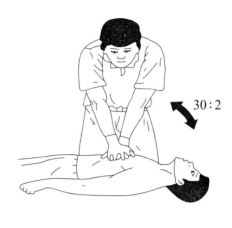

图1-12 胸外按压法示意图

四、电气火灾的防范及扑救

1. 电气火灾的防范

（1）合理选用电气设备和导线，不要使其超负载运行，不得超过使用年限。

（2）选择合适的保护装置，并在安装开关、熔断器或架线时，避开易燃物，与易燃物保持必要的防火间距。

（3）注意线路或设备连接处的接触保持正常运行状态，以避免因连接不牢或接触不良使设备过热。

（4）加强对设备的运行管理。要定期检修、清洁、维护，防止绝缘损坏、电线老化等造成短路。

（5）保证电气设备通风良好，确保散热效果。

（6）严禁私自更改线路，严禁非专业人士更改插座。

（7）安装必要的火灾报警装置，如无线感烟探测器等。

2. 电气火灾的扑救

电气设备发生火灾或引燃周围可燃物时，首先应设法切断电源，如果无法及时切断电源，需要带电灭火。

（1）切断电源的注意事项。

①火灾发生后，由于受潮或烟熏，开关设备绝缘能力下降，因此，拉闸时最好用绝缘工具操作。

②对于高压电源,应先操作断路器而不应该先操作隔离开关切断电源;对于低压电源,应先操作磁力启动物而不应先操作闸刀开关切断电源,以免引起弧光短路。

③切断电源的地点要选择适当,防止切断电源后影响灭火工作。

④剪断电线时,不同相电线应在不同部位剪断,以免造成短路;剪断空中电线时,剪断位置应选择在电源方向的支持物附近,以防止电线剪断后断落下来造成接地短路和触电事故。

(2)带电灭火的注意事项。

①应选用不导电的灭火器材灭火,如1211、干粉、二氧化碳灭火器,不得使用泡沫或水基型灭火器扑救。

②要保持人及所使用的导电消防器材与带电体之间有足够的安全距离,扑救人员应穿戴绝缘手套和绝缘靴。

③如遇带电导线断落地面,要划出一定的警戒区,导致跨步电压伤人。

④若不能及时灭火,应立即拨打"119"报警电话。

第二节　安全用电常识

本节描述

学校实习实训场所中,电的使用非常普遍,例如实训室的照明、举升机、各种实验设备几乎都是由电力来驱动的。学习安全用电常识,对于避免事故发生、减少事故伤害有重要意义。本节将介绍电工实训室安全操作规程、安全电压和电流、电气安全操作规程、电气灭火及电工材料。

学习目标

1. 知识目标

(1)能叙述电工实训室安全、电气安全操作规程;

(2)能描述安全电流和安全电压的相关规定。

2. 技能目标

(1)能在实际生产中贯彻落实安全操作规程;

(2)能识别给定材料的种类,并判断其运用范围。

一、电工实训室安全操作规程及安全电压

1. 电工实训室安全操作规程

(1)学生进入实训室后,要服从指导教师安排,进入指定的工位,不得私自调换工位;未经同意,不得擅自动用设备与工具。

(2)实训期间,学生必须认真学习实训指导书,掌握电路或设备的工作原理,明确实训目的、实训步骤和安全注意事项。

(3)严格遵守安全操作规程,禁止违规操作(如带电接线、用力压线路板、私自拔出线路板上的元器件、短接电路等)。实训中途断电,应立刻关闭仪器开关,等候指导教师或实训室管理人员安排。

(4)爱护实训设备、设施和软件配置,不得动用与实训内容无关的仪器设备,不得私自打开实训室内柜门拿取器材,不准剪下仪器引线及接线夹,不准将实训器材带出室外。

(5)室内的任何电气设备,未经验电,一般视为有电,不得用手触及。接通电源前,对设备要认真检查,要注意工具或仪表引线有无破损、漏电、短路等现象,以免发生事故,发现损坏或其他故障应停止使用并立即报告教师。

(6)实践操作时,思想要高度集中,不做任何与实训无关的事;严禁擅自用总闸与其他用电设备。

(7)主电控柜电源不许学生合闸,待线路接完并仔细检查后由指导教师合闸;严禁带电接线,严禁用手和工具接触带电部分,必须遵守先接线、后合电源的规定;拆线前要先切断电源,避免违规操作。

(8)如果发现异常现象(声响、发热、发臭)应立即切断电源,报告指导教师。

(9)测量直流电压时,要注意表笔的极性不能接反,否则将烧坏表头。当不能估计电流和电压约数时,要用最大量程测量一次,再使用准确量程进行测量。

(10)取用仪器、仪表要轻拿轻放,以免损坏。在使用仪器、仪表测量或调试过程中不得随意扳动开关和旋钮,以免损坏仪器。

(11)焊接过程中所用的烙铁等发热工具不能随意摆放,以免发生烫伤或酿成火灾;拆焊操作时,热风枪温度不能过高,不用时立刻关闭或调低温度待用。

(12)实训完成后,应先切断电源。仪器、仪表使用完毕后,一切按钮、按键、开关、挡位等都要按有关要求恢复原位。

2. 安全电流

电流对人体的危害程度与电流大小、通电时间长短、电流通过人体的部位等有关。电流强度越大,致命危险越大;持续时间越长,造成人员死亡的可能性越大。

(1)感知电流:能引起人感觉到的最小电流值称为感知电流,交流为 1mA,直流为 5mA。

(2)摆脱电流:人触电后能自己摆脱的最大电流称为摆脱电流,交流为 10mA,直流为 50mA;人体触电后最大的摆脱电流称为安全电流。

(3)致命电流:在较短的时间内危及生命的电流称为致命电流,致命电流为 50mA。

在有防止触电保护装置的情况下,人体允许通过的电流一般可按 30mA 考虑,我国规定的安全电流为 10mA。

二、电气安全操作规程

(1)正确穿戴劳保用品,特别是对电工特殊要求的劳保用品,要认真做好交接班工作。

(2)严禁无证上岗,操作人员应熟练掌握电工基本知识和所负责工段的电气设备情况,严格按照用电、停电及其他因设备要求所规定的程序作业,不得任意违规作业,防止操作不当造成人员伤亡、设备损坏。

(3)进行停电检修、带电抢修及登高作业时,一定要按规定的操作方法做好挂牌、专人监护等作业前的计划准备工作,做到分工明确、责任到人,有始有终完成每一项任务。

(4)对供电设备、配电设备、仪表屏、电线电缆沟及各种电气运转设备,要严格按工艺规定时间检查并认真记录,发现问题及时汇报处理。

(5)落实防护措施,特别是对电气控制室等关键场地应做好防护工作,无关人员严禁入内。

(6)杜绝火种,对电气设备有异声、跳火现象要立即检修,防止发生火灾事故。

(7)正确使用各类电工专用工具,特别是在带电作业情况下,不能有麻痹思想,防止发生触电事故。

(8)认真学习安全、消防知识,特别是在发生触电情况下的救护工作和发生电气火灾的扑救工作;熟悉救护业务和消防知识,能在应急情况下正确处理好各类事故,做到安全、文明生产。

三、电工材料

常用的电工材料主要有导电材料、绝缘材料、磁性材料,以及各种线、管等。

1. 导电材料

(1) 导电材料的作用。导电材料是指专门用于输送和传导电流的材料,是电气元器件和电路中应用最广泛的一种材料,包括用来制造传输电能的电线电缆,传导电信息的导线、引线和布线等,其主要功能是传输电能和电信号。导电材料最主要的性质是良好的导电性能。

(2) 导电材料的类型。导电材料一般分为良导体材料和高电阻材料。

①良导体材料。良导体材料主要是铜(图1-13)、铝(图1-14)、铁等,在磁悬浮列车的轨道上,就常采用铁、铝板或铝导线,部分为铁芯、铝导线。在我国长沙磁浮列车中,轨道上的F轨采用的材料就是Q235钢。其他如金、银,其导电性能很好但价格较贵,只用于特殊场合。

图1-13 铜导线

图1-14 铝导线

②高电阻材料。高电阻材料主要有镍铬合金(图1-15)、铬镍铁合金、康铜(图1-16)、锰钢及铁铬铝合金等,可用作加热元件,将电能转化为热能,或用于制造精密电阻器。

图1-15 镍铬电热器

图1-16 康铜丝

2. 绝缘材料

(1) 绝缘材料的作用。绝缘材料又称电介质材料,在直流电压作用下仅有微弱的泄漏电流通过,一般认为是不导电的,其电阻率在 $10^9 \sim 10^{22} \Omega \cdot cm$ 之间,是电气设备维修中应用极为广泛的一种材料。其主要作用有:

①使导电体与其他部分相互绝缘。

②把不同电位的导体分隔开。

③提供电容器储能的条件。

④改善高压电场中的电位梯度。

⑤某些绝缘材料还起着机械支撑、导体防护、散热、防潮防霉、灭弧等作用。

因此,绝缘材料应具有较高的绝缘电阻和耐压强度、较好的耐热性和导热性、机械强度高而且耐潮、方便加工等特点。

(2)常见绝缘材料的类型。常见绝缘材料主要有气体绝缘材料、液体绝缘材料和固体绝缘材料三种。

①气体绝缘材料。气体绝缘材料指能使有电位差的电极间保持绝缘的气体,其特点是电导率、介电常数和介质损耗均低,击穿强度一般比液体和固体绝缘材料也低得多,但击穿后能自行恢复绝缘状态,具有自愈性。常用的有空气、氮气、氢气、六氟化硫(SF_6,图 1-17)、二氧化碳、氟利昂等,其中 SF_6 具有较高的击穿强度,广泛用作封闭式电器的绝缘材料。

②液体绝缘材料。液体绝缘材料指用以隔绝不同电位导电体的液体,又称绝缘油。它主要替代空气,填充电气设备中的空间,或浸渍设备绝缘结构中的孔隙。除了绝缘作用,它还可以起散热或灭弧作用。例如,在油浸纸绝缘电力电缆中,它不仅能显著地提高绝缘性能,还能增强散热作用;在电容器中提高其介电性能,增大每单位体积的储能量;在开关中除绝缘作用外,更主要的是起灭弧作用。常用的液体绝缘材料有矿物质油、合成油和蓖麻油等,其中应用最多的是矿物绝缘油(图 1-18)。

图 1-17 六氟化硫

图 1-18 矿物绝缘油

③固体绝缘材料。固体绝缘材料指用以隔绝不同电位导电体的固体,一般还要求其兼具支撑作用。固体绝缘材料可以分成天然的和合成的。天然固体绝缘材料主要有胶、纸板、木材、塑料、橡胶、云母等;合成固体绝缘材料有聚乙烯、聚苯乙烯、聚丙烯、聚四氯乙烯、聚酯和不饱和聚酯、环氧树脂、有机硅树脂,以及以聚酰亚胺为代表的芳杂环高分子材料等。

(3)绝缘材料的耐热等级。绝缘材料的绝缘性能与温度密切相关,温度升高,绝缘性能随之下降。为保证绝缘强度,绝缘材料都有一个最高允许工作温度,在此温度以下,可以长期安全地使用,超过这个温度将会迅速老化。通常按照耐热程度,把绝缘材料分为 Y、A、E、B、F、H、C 等等级(表1-3)。

绝缘材料耐热等级　　　　表1-3

耐热等级	极限温度(℃)	绝缘材料类型
Y 级	90	面纱、丝、纸、木材等材料及其组合物,如布
A 级	105	用漆、胶浸渍过的面纱、丝、纸等材料,如油性漆包线、黄漆布、黄漆绸等
E 级	120	合成有机薄膜、合成有机磁漆等材料及其组合物,如环氧树脂、油性玻璃漆布等
B 级	130	用树脂胶剂黏合或浸渍、涂覆过的云母、石棉、玻璃纤维,如聚酯漆包线等
F 级	155	用耐热性好的有机胶剂黏合或浸渍、涂覆过的云母、石棉、玻璃纤维,如云母带、层压玻璃布板等
H 级	180	用有机硅树脂黏合或浸渍、涂覆过的云母、石棉、玻璃纤维及其组合物,如硅有机漆、复合薄膜等
C 级	>180	不采用任何有机黏合剂及浸渍剂的无机物,如云母、石棉、石英、玻璃、陶瓷及聚四氟乙烯塑料等

3.磁性材料

(1)磁性材料的作用。能对磁场作出某种方式反应的材料称为磁性材料,其主要特点是具有高的磁导率,一般用来制造电气设备的铁芯。磁性材料是生产、生活、国防科学技术中广泛使用的材料。如制造电力技术中的各种电机、变压器,电子技术中的各种磁性元件和微波电子管,通信技术中的滤波器和增感器,国防技术中的磁性水雷、电磁炮,以及各种家用电器等。此外,磁性材料在地矿探测、海洋探测以及信息、能源、生物、空间新技术中也获得了广泛的应用。

(2)磁性材料的类型。

①根据性质,磁性材料可分为金属磁性材料和非金属磁性材料两类。

a. 金属磁性材料。金属磁性材料主要有电工钢、镍基合金和稀土合金等。

b. 非金属磁性材料。非金属磁性材料主要指铁氧体磁性材料,铁的氧化物和一种或几种其他金属氧化物组成的复合氧化物,如磁铁矿的主要成分 $FeO \cdot Fe_2O_3(Fe_3O_4)$。

②根据使用类型,磁性材料可分为软磁材料、永磁材料和功能磁性材料三类。

a. 软磁材料。磁化后容易去掉磁性的物质称为软磁材料。软磁材料大体上可分为四类:合金薄带或薄片;非晶态合金薄带,又称磁性玻璃;磁介质(铁粉芯);铁氧体。软磁材料主要用于磁性天线、电感器、变压器、磁头、耳机、继电器、电磁铁、电磁吸盘等。

b. 永磁材料,又称硬磁材料。永磁材料经外磁场磁化以后,即使在相当大的反向磁场作用下,仍能保持一部分或大部分原磁化方向的磁性。常用的永磁材料有铝镍钴系永磁合金、铁铬钴系永磁合金、永磁铁氧体、稀土永磁材料和复合永磁材料,其中最常用、用量最大的是永磁铁氧体和钕铁硼稀土永磁。

c. 功能磁性材料。功能磁性材料主要有磁致伸缩材料、磁记录材料、磁电阻材料、磁泡材料、磁光材料、旋磁材料以及磁性薄膜材料等。

磁浮列车(图1-19)是一种新型的轨道交通工具。它采用常导磁吸式悬浮技术,利用车载磁体与轨道磁体间产生的排斥力和吸引力共同作用,从而产生向上悬浮力,达到使列车浮起来的效果。在其中使用的材料就有磁性材料,比如F轨使用的 Q235 钢、推进线圈和引导线圈(图1-20),车体中采用了稀土永磁材料钕铁硼,永磁调速器、永磁联轴器、永磁悬浮轴承、永磁制动器等都用到了稀土永磁材料。

图1-19 磁浮列车

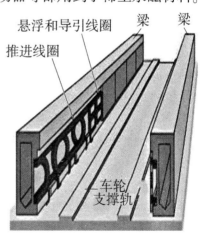

图1-20 电磁线圈

4.电碳材料

电碳材料是以碳和石墨为基体的一种特殊功能的电工材料,是具有良好的导电性及优越的电接触性能的特殊导电材料。电碳材料主要用于制造电工设备的固定电接触或转动电接触的零部件等电碳制品,例如,用于电机的电刷(图1-21)、电力开关和继电器的石墨触头,材料以石墨为主。此外,电碳材料还用于弧光放电的石墨电极、光谱分析用的碳棒、碳膜及碳电阻(图1-22)、碳和石墨电热元件、干电池碳棒、大型电子管石墨阳极和栅极等。

图1-21 电机的电刷

图1-22 碳电阻

电碳制品有广泛的用途是因为其组分中的碳和石墨有一系列优良特性:

(1)是良导体且导电能力具有很大的各向异性。

(2)具有较高的导热能力,热导率介于铝和软钢之间。

(3)耐高温,在无氧化性气体中能在3000℃左右高温下工作。

(4)机械强度高,在2500℃内机械强度随温度升高而增大。

(5)密度小,介于铝和镁之间。

(6)不与液态金属沾粘。

(7)化学稳定性好,仅与氧化剂作用。

(8)自润滑性好。

(9)热发射电流随温度升高而增大。

第三节 保护接地和保护接零

本节描述

在电气设备使用、维护、修理过程中,一旦发生设备绝缘结构损坏,致使其金属外壳带电或设备漏电,极易引起操作人员触电。因此,必须对电气设备尤其是使用电压较高的设备设置安全防护装置。本节主要介绍电气设备的保护接地、保护接零和重复接地知识。

> **学习目标**
> 1. 知识目标
> (1) 能叙述保护接地的原理；
> (2) 能叙述保护接零的原理和要求；
> (3) 能叙述重复接地的作用。
> 2. 技能目标
> 能根据电路区别保护接地和保护接零。

一、保护接地

1. 保护接地的定义

接地是指电力系统和电气装置的中性点、电气设备的外露导电部分和装置外壳等导电部分经由导体与大地相连。接地主要包括工作接地和保护接地，此外还有屏蔽接地、防静电接地、防蚀接地等。

工作接地是指正常情况下有电流流过，利用大地代替导线的接地，用以维持系统安全运行的接地，如三相发电机或变压器的中性点接地等(图1-23)。

保护接地是指为保证人身安全，防止人体接触设备外露部分而触电的一种接地形式。在中性点不接地系统中，设备外露部分(金属外壳或金属构架)与大地进行可靠电气连接即保护接地(图1-24)。保护接地仅适用于中性点不接地的系统。

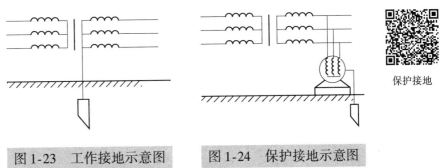

图1-23　工作接地示意图　　图1-24　保护接地示意图

屏蔽接地和防静电接地用于各种仪器仪表，目的是使仪器和仪表测量得更精准些；防蚀接地主要是在通信设备中牺牲阳极保护，避免设备电化腐蚀。

接地装置由接地体和接地线组成，埋入地下直接与大地接触的金属导体，称为接地体，连接接地体和电气设备接地螺栓的金属导体称为接地线。接地体的对地电阻和接地线电阻的总和,称为接地装置的接地电阻。

2. 保护接地的原理

保护接地是将电气设备在故障情况下可能出现危险对地电压的金属部分(如外壳等)用导线与大地进行电气连接。配电系统的保护接地有IT系统(图1-25)和TT系统(图1-26)两种。

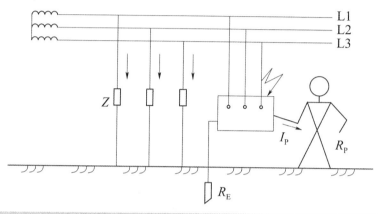

图1-25　IT系统保护原理示意图

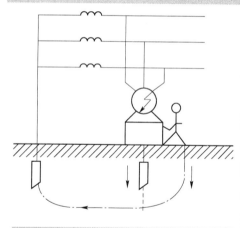

图1-26　TT系统保护原理示意图

以TT系统为例,如图1-26所示,在TT系统中人体与接地体相当于电阻并联。一旦发生设备碰壳短路(漏电),则短路电流将同时通过设备接地装置和人体与系统的接地点形成通路,并联电路中流过每一通路的电流与其电阻大小成反比,人体电阻比接地体电阻大得多(一般人体的电阻大于1000Ω,接地电阻通常小于4Ω),故流经人体的电流很小,而流经接地装置的电流很大。这样就减小了电气设备漏电后人体触电的危险。

保护接地在中性点接地的系统中使用不能完全保证安全,必须限制接触电压值,此时一般可采用漏电保护器或过电流保护器作为附加保护。

二、保护接零

由于保护接零和保护接地都是防止间接接触电击的安全措施,做法上又有一些相似之处,因此,大多数情况下没有严格区分这两种措施。保护接零有利于明确区分不接地配电网中的保护接地,有利于区分中性线和零线,有利于区分工作零线和保护零线。

1. 保护接零的原理

保护接零是将电气设备在正常情况下不带电的金属部分与电网的零线或中性线紧密连接起来,多用于中性点接地的低压系统中,如图1-27所示。

采用保护接零的低压配电系统称为TN系统。在TN系统中,字母N表示电气设备在正常情况下不带电的金属部分与配电网中性点之间金属性的连接,即与配电网保护零线(保护导体)的可靠连接,这种做法就是保护接零。

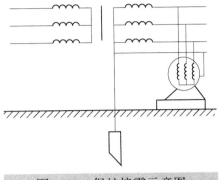

图1-27 保护接零示意图

图1-28为配电网低压中性点直接接地,电气设备接零的保护接零系统(即TN系统)原理示意图。一旦设备发生碰壳事故,借零线形成相线(L1/L2/L3)对中性线的单相短路,漏电电流将增大为很大的短路电流,迫使线路上的保护装置迅速动作,切断电源,使设备的金属部分不至于长时间存在危险的电压,从而保证操作人员的人身安全。

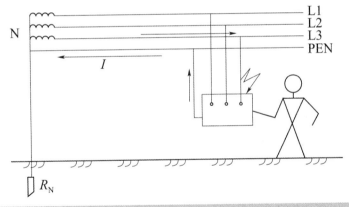

图1-28 TN系统保护原理示意图

TN系统的动作为:漏电→单相短路→单相短路电流上升→短路保护元件动作→迅速切断电源→实现保护。

2. 保护接零的要求

(1)在同一低压系统中,不允许将一部分电气设备采用保护接地,而另一部分设备采用保护接零。否则,当保护接地的用电设备发生碰壳短路时,接零设备的外壳上将产生危险的对地电压,这样将会使故障范围扩大。

(2)零线上不能安装熔断器和断路器,以防止零线回路断开时,零线出现相线电压而引起触电事故。

(3)在接三孔插座时,不允许将插座上接电源中性线的孔同保护线的孔串联。

(4)在TN系统中,除系统中性点必须良好接地外,还必须将零线重复接地。

三、重复接地

中性线或接零保护线的一点或数点与地再作金属连接称为重复接地,如图1-29所示。重复接地是提高TN系统安全性能的重要措施。

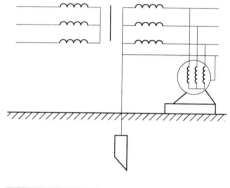

图1-29 重复接地示意图

1. 重复接地的作用

(1)减轻零线断开或接触不良时电击的危险性。

(2)降低漏电设备的对地电压。

(3)缩短漏电故障持续时间。因为重复接地和工作接地构成零线的并联分支,所以当发生短路时,能增大单相短路电流,而且线路越长,效果越显著,这就加速了线路保护装置的动作,缩短了漏电故障持续时间。

(4)改善架空线路的防雷性能。重复接地对雷电流有分流作用,有利于限制雷电过电压。

2. 重复接地的要求

(1)应充分利用自然接地体,当自然接地体电阻符合要求时,可不设人工接地体。危险环境不允许利用自然接地体作为重复接地装置。当无自然接地体可利用时,应采用人工接地体。

(2)变配电所和生产车间的重复接地装置,应采用环形布置,以降低电气设备漏电时周围地面的电位梯度,减少接触电压和跨步电压。

(3)每一组重复接地装置的接地电阻应不大于10Ω。

(4)同一保护接零系统中,规程规定重复接地点不少于3处。

一、单项选择题

1. 如果发现有人触电,首先必须( )。
   A. 尽快使触电者脱离电源　　B. 立即进行现场紧急救护
   C. 迅速打电话叫救护车　　　D. 迅速拍照并报警

2. 发生电火警时,正确的紧急处理方法是( )。
   A. 首先切断电源,然后救火,同时报警
   B. 首先报警,然后救火,最后切断电源
   C. 首先救火,然后报警,最后切断电源
   D. 首先报警,然后切断电源,最后救火
3. 用足够粗的导线将电气设备的金属外壳与大地连接起来,叫作( )。
   A. 工作接地　　B. 重复接地　　C. 保护接地　　D. 保护接零
4. 下列哪种材料属于绝缘材料?( )
   A. 氧化硅　　　B. 氮气　　　　C. 石墨　　　　D. 锰钢
5. 安全颜色中表示停止、禁止、消防含义的是( )。
   A. 绿色　　　　B. 蓝色　　　　C. 黑色　　　　D. 红色

二、判断题

1. 耐热等级为H级的绝缘材料,其极限温度为130℃。　　　　　( )
2. 人触电后能自己摆脱的最大电流称为摆脱电流。　　　　　　( )
3. 人体单相触电比双相触电更危险。　　　　　　　　　　　　( )
4. 电击指电流通过人体时所造成的内伤。　　　　　　　　　　( )
5. 在进行高压作业时应正确选用所需防护物品和工具,并注意检查防护物品和工具是否正常,安全等级是否满足要求。　　　　　　　　　　( )

三、多项选择题

1. 下列哪些属于电伤?( )
   A. 灼伤　　　　B. 烙伤　　　　C. 皮肤金属化　　D. 机械性损伤
2. 人体触电方式主要分为( )。
   A. 单向触电　　B. 两相触电　　C. 高压电弧触电　D. 跨步电压触电
3. 下列哪些属于接地的方式?( )
   A. 工作接地　　B. 防雷接地　　C. 保护接地　　　D. 防静电接地
4. 以下不符合安全用电规则的是( )。
   A. 在电线上晾衣服　　　　　　　B. 用湿手开灯
   C. 用手摸火线　　　　　　　　　D. 用电器金属外壳接地
5. 以下哪些材料属于导电材料?( )
   A. 六氟化硫　　B. 铬镍铁合金　C. 康铜　　　　　D. 铝

第二章　电路和电路图

第一节　电路的基本概念

本节描述

现有一车辆到店维修,车主描述故障为左侧倒车灯不亮。排除此类汽车电气故障需要掌握电路基础知识,为故障电路的检查打下基础。本节从电路的定义和组成入手,着重介绍了电流、电位、电压、电动势、电功率等电路基本物理量,介绍了电路的有载、断路、短路、虚接等工作状态。

> **学习目标**
> 1. 知识目标
> (1)能描述电路的基本组成部分;
> (2)能叙述电路基本物理量电流、电压、电阻的概念;
> (3)能判断电路的工作状态。
> 2. 技能目标
> (1)能识别电路元器件;
> (2)能连接简单照明电路;
> (3)能进行电路状态的判断。

一、电路的定义和组成

1. 电路的定义

电路是电流通过的路径。生活中,人们依据需求将电器元件按一定方式组合连接在一起组成电路。图 2-1 所示为常见的客厅装修过程中为空调、照明灯、电视等家电铺设的电路。汽车上有照明电路、电源电路、传感器检测电路等。

第二章 电路和电路图

图 2-1 用电设备和电路

2. 电路的组成

简单的电路通常由电源、负载、导线、控制和保护装置四部分组成。电源是提供电能的装置,如电池、发电机等;负载是使用电能的装置,是指各种用电设备,用电设备把电能转换为人们需要的其他形式的能量,如电灯、电动机等;导线用于将电源、负载连接起来;控制和保护装置用于控制电路工作状态,并保护电路安全正常运行,如开关、熔断丝等。

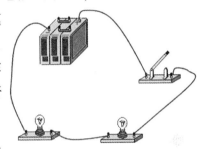

图 2-2 所示为简单照明电路,电源为干电池,负载为灯泡,开关为控制和保护装置,导线将它们连接起来。

图 2-2 简单照明电路

二、电路的基本物理量

1. 电

电是一种自然现象,指电荷运动所带来的现象,如闪电就是一种自然的放电现象。

宏观世界的物质是由极微小的、肉眼看不见的微粒组成。如图 2-3 所示,水由水分子组成,每一个水分子(H_2O)又由两个氢原子(H)和一个氧原子(O)组成。比原子更小的是电子和质子等亚原子,电子带负电荷,质子带正电荷。电是像电子和质子这样的亚原子粒子之间产生排斥力和吸引力的一种属性,它是自然界基本相互作用之一。

原子内的电子是运动的,原子较容易失去或得到电子。用橡胶棒摩擦毛皮,毛皮的原子核束缚电子的本领弱,它的一些电子就会转移到橡胶棒上,使橡胶棒带电。电子运动导致电子的转移,我们把缺少电子的原子称为带正电荷,有多余电子的原子称为带负电荷。

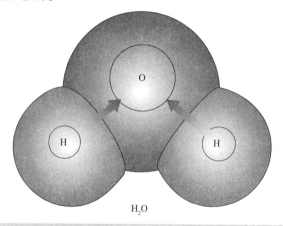

图 2-3　水分子

2. 电流

像小河中水向同一个方向流动形成水流一样,电路中电荷的定向移动形成电流,正电荷和负电荷的定向移动都形成电流,如图 2-4 所示。在金属导体中,电流是由自由电子有规则的定向运动形成的。正电荷的运动方向为电流的方向。

图 2-4　水流与电流

为描述水流的大小,人们取河流的一个横截面统计单位时间内流过的水量多少,例如,2018 年 7 月三峡水库 2 号洪峰流量约 $58000 m^3/s$。和描述水流强度一样,我们取电路中导体的一个横截面,用单位时间内通过电荷量的多少来衡量电流大小。

电流强度为单位时间内通过导体横截面的电荷量。电流的大小用电流强度来表示,单位是安培,简称安,符号为 A。电流强度简称为"电流"。

电流分直流电流和交流电流,如图 2-5 所示。方向、大小保持不变的电流为恒定电流,即直流电流,简称为直流(Direct Current),记为 DC;大小和方向随时间作周期性交替变化的电流为交流电流,简称为交流(Alternating Current),记为 AC。

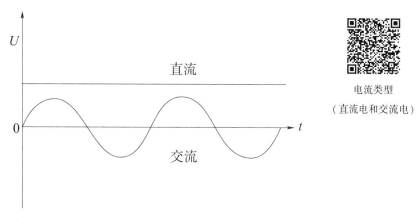

电流类型
(直流电和交流电)

图 2-5　直流与交流

3. 电位

电位又称作电势,用于描述在电场中,某点单位电荷所具有的电势能大小。电位定义为处于电场中某个位置的单位电荷所具有的电势能与它所带的电荷量之比。电位只有大小,没有方向。

电位的国际单位是伏特,简称伏,符号是 V。为了计算电位的高低,需要找一个基准点,即参考点。通常汽车上基准点处用"搭铁点"或"接地点"表示,该基准点处的电位规定为 0V,因此,也称为零电位点。

4. 电压

河流内高水位与低水位之间的水位差产生水压,水在水压的作用产生水流,同样在闭合电路中,导体内自由电子在高电位与低电位产生电位差的电场力作用下,从高电位点流向低电位点而产生电流。

如图 2-6 所示,电路中 A、B 两点电压大小等于单位正电荷因受电场力作用从 A 点移动到 B 点所做的功。电压的方向规定为从高电位指向低电位的方向。由于两点之间电压方向是由高电位点指向低电位点,所以电压也常称为电压降。

电压的国际单位制为伏特(V),常用的单位还有毫伏(mV)、微伏(μV)、千伏(kV)等。

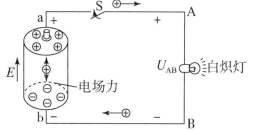

图 2-6　电位与电压

电压是表征电场力对电荷做功的物理量,也被称作电位差(电势差)。"电压"一词一般只用于电路当中。"电势差"和"电位差"则普遍应用于一切电现象当中,电位差能在闭合电路中产生电流。

5. 电动势

在电路中,必须有一种外力把正电荷源源不断地从低电位处"拉"到高电位处,才能在整个闭合的电路中形成电流的连续流动,这个任务是由电源来完成的。在电源内部,电源力的作用使得正电荷从低电位移向高电位(这时会消耗其他形式的能量,如锂电池消耗化学能)。

电源内部将其他形式的能量转换为电能,并在电源两极间建立电位差,电源力把正电荷从电源内部低电位 b 端移到高电位 a 端所做的功,称为电动势,用字母 E 表示。电动势的国际单位是伏特,符号是 V。

电动势的极性和实际方向是客观存在的。电源电动势的实际方向由负极指向正极,即由电源的低电位指向高电位,也就是电位升高的方向。因此,在电源内部,电流的方向是由负极流向正极的。

6. 电能与电功率

电流能使电灯发光、电动机转动、电炉发热,这些都说明电流通过电气设备时做了功,消耗了电能。

电流在电路中流通时,将电源的电能传给了负载(用电设备照明灯、电动机、电热丝),负载将吸收电能转换成其他形式的能量(电灯发光、电动机转动、电热丝发热),即电流做了功,消耗了电能。负载在工作时间消耗的电能(也称为电功)用 W 表示,电能的大小与通过负载的电流、加在负载两端的电压以及通过的时间成正比,即:

$$W = UIt \tag{2-1}$$

式中:W——电能,J;

U——电压,V;

I——电流,A;

t——时间,h。

电能的国际单位是焦耳,简称焦,符号是 J。

电功率是用来表示消耗电能的快慢的物理量,即单位时间内,某段电路传送或转换(如负载消耗)的电能,用 P 表示:

$$P = \frac{W}{t} = \frac{UIt}{t} = UI \tag{2-2}$$

式中:P——电功率,W;

W——电能,J;

U——电压,V;

I——电流,A;

t——时间,h。

电功率的计算

电功率的国际单位是瓦特,简称瓦,符号是 W。

在实际应用中,功率的常用单位是千瓦(kW),电能的常用单位是千瓦时(kW·h),1kW·h 即为日常说所的"1 度电",千瓦时与焦耳之间的换算关系是：$1kW·h = 3.6 \times 10^6 J$。

【例 2-1】 某品牌房车用直流定频空调,额定工作电压为 48V,经测量得其工作电流为 15A,请问其功率是多少？若房车夜间计划打开空调 8h,需要多少电量？

解：

$$P = UI = 48 \times 15 = 720(W)$$

$$W = Pt = 720 \times 8 = 5760(W·h) = 5.76(kW·h)$$

【例 2-2】 某乘用车高位制动灯的额定功率为 8W。已知该车照明电路额定工作电压为 12V,请问高位制动灯工作电流是多少？

解：

由于 $P = UI$,故有：

$$I = \frac{P}{U} = \frac{9}{12} = 0.75(A)$$

7. 电阻

导体容易导电,但同时对电流具有阻碍作用,导体这种对电流的阻碍作用称为电阻。电阻是导体本身客观存在的基本特性。导体的电阻与它的尺寸、材料有关,并受温度、压力和磁场等外界因素影响。

电阻就是描述导体对电流起阻碍作用的物理量,用 R 表示。不同导体对电流的阻碍作用也不同。电阻的国际单位是欧姆,简称欧,用 Ω 表示。此外,常用单位还有千欧($k\Omega$)、兆欧($M\Omega$)。

三、电路物理量的方向

1. 电路物理量的实际方向

电路中电流、电压等物理量的实际方向是客观存在的,电流 I 的实际方向为正电荷运动的方向;电压 U 的方向为从高电位至低电位(电位降低的方向)。但是在进行电路分析时仅依靠实际方向往往不够,这就需要用到参考方向。

2. 电路物理量的参考方向

参考方向即在分析和计算电路时,为了方便分析,对物理量(电流、电压等)假定的某一方向(图2-7)。理解电流、电压参考方向是进行直流电路分析的基础。

参考方向的表示方法如下:电流方向用箭头标符号或双下标(I_{ab})表示;电压方向用正负极性"+""-"或双下标(U_{ab})表示。

3. 实际方向与参考方向的关系

在参考方向选定后,电路中矢量物理量(如电流、电压)的值就有了正负之分。以电流为例,在规定参考方向后,电流可以用一个代数量表示,在面对复杂电路时方便直接计算分析。当计算结果为负值时,则表示电流实际方向与参考方向相反,反之亦然。

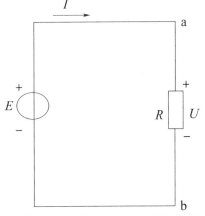

图2-7 电路物理量参考方向

如图2-8所示,当电流实际方向与参考方向一致时,电流值为正值;当电流实际方向与参考方向相反时,电流值为负值。例如,电路分析时通过电阻 R 的电流值为5A,若 $I=5A$,则电流实际方向是从a流向b;若 $I=-5A$,则电流实际方向是从b流向a。

如图2-9所示,当电压实际方向与参考方向一致时,电压值为正值;当电压实际方向与参考方向相反时,电压值为负值。例如,电路分析时电阻 R 两端的电压值为5V,若 $U=5V$,则电压实际方向是从a指向b;若 $U=-5V$,则电压实际方向是从b指向a。

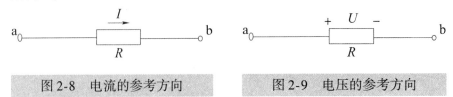

图2-8 电流的参考方向　　　　图2-9 电压的参考方向

四、电路的工作状态

电路因中间环节的连接不同,可处于三种不同的工作状态:有载工作状态、断路状态和短路状态。

1. 有载工作状态

电路连接完整后,开关闭合形成闭合电路,负载处于工作状态。如图 2-10 所示,当开关闭合后,灯泡电阻(负载)有电流流过,进入工作状态,将电能转化为照明光,此时,电路通路中有能量的传输和转换,电路处于有载工作状态,也称为通路状态。

2. 断路状态

如图 2-11 所示,将电路中的开关断开,相当于开关处电阻为无穷大,电路中没有电流,负载灯泡电阻中无电流流过,电路即处于断路状态(又称开路状态或空载状态)。断路状态的电路中电流为零,断开处两端的电压为电源电压。

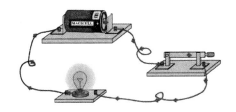

图 2-10　电路有载工作状态　　图 2-11　电路断路状态

3. 短路状态

如图 2-12 所示,短路状态是指电路中电源两端被一条导线直接接在一起,此时对电源来说,外电路的电阻等于零。短路时电流很大,一般超过电源的额定电流许多倍,这样大的电流会产生很大热量,损坏电源或导线。短路通常是一种严重故障,应该尽量防止出现。为此,电路中一般接入自动保护装置(熔断器、熔断丝等),以便在发生短路时保护电路与电源。

短路故障

4. 虚接

虚接通常是指电路导线连接处没有连接牢固或焊点没有焊好,导致两接触点的电阻较大(同时可能伴有不断变化)。虚接等同于在电路虚接处接入一个阻值很大的电阻,常导致电路负载不能正常工作。

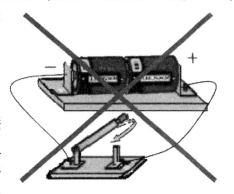

图 2-12　电路短路状态

第二节 电路图识读

本节描述

现有一乘用车到店维修,驾驶人描述故障为左后制动灯不亮,需要查阅维修手册,识读该车辆左后制动灯电路图以便排除故障。车辆维修作业过程中,经常需要查阅电路图,从而确定检修部分电器元件组成、位置布置、电路走向及其控制逻辑,以便着手进行电路的检测诊断。本节围绕汽车电路图的识读,介绍了电路图符号、汽车电路特点、电路图类型及汽车电路图识读的方法,最后介绍使用万用表进行电路基本物理量测量的方法。

学习目标

1. 知识目标

(1)能识读常见电器元件图形符号;

(2)能叙述汽车电路图识读的方法;

(3)能阐述汽车电路的特点;

(4)能叙述数字式万用表的使用方法。

2. 技能目标

(1)能识读汽车电路图;

(2)能使用数字式万用表测量电路中的电压、电流基本物理量。

一、电路与电路图

如前所述,电路就是电流通过的路径。电路示意图[图2-13a)]采用画实物外形的方法来表示电路,这样表示较为复杂而且不能够清晰表达电路原理。

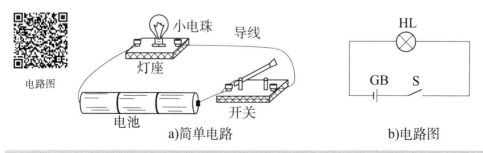

图2-13 简单电路示意图及其电路图

第二章 电路和电路图

为方便快捷地绘制和阅读电路,按照国家规定,各种电器元件都采用特定的图形符号和文字符号来表示,见表2-1。将实际电路中各个元件用规定的简单图形符号来表示,画出的电路图形称为电路原理图,简称电路图。例如,图2-13a)所示的简单电路可用图2-13b)所示的电路图表示。

常用的电器元件符号　　　　　表2-1

图形符号	文字符号	名称	图形符号	文字符号	名称	图形符号	文字符号	名称
⊣⊢	GB	电池	⊣⊢⊣⊢		电池组	Ⓐ	PA	电流表
⊥ ⊥		接机壳或接底板	⟋	S 或 SA	开关	Ⓥ	PV	电压表
M		串联直励电动机	▭	FU	熔断器	⊗	HL	照明灯指示灯
M		并联直励电动机	⟋▭		可调变阻器	⊥		搭铁
Ⓝ		示波器	⟋▭	RP	滑动触点电位器	∿∿∿	L	铁芯线圈
ⓝ		转速表	▷⊦	V 或 VD	二极管	┼		不相连接的交叉导线

汽车维修手册中包含接线图、插接器位置图、电路图、控制原理图等。通常很少使用实物图或示意图的形式表示车辆电路,而采用电路图的形式表达车辆某一系统或某一部分的电路。图2-14为某车辆倒车灯电路图。

二、汽车电路

1. 汽车电路的组成

与普通电路一样,汽车电路也是由电源、负载及中间环节组成的。汽车的电源有两个,即蓄电池和发电机。汽车中的负载(用电设备)种类和数量很多,例如起动机、刮水器电机、电动转向助力泵等是把电能转换成机械能的用电设备;各种前照灯、转向灯、制动灯、阅读灯等是把电能转换成光能的用电设备;冷却液温度传感器、空气流量传感器、节气门位置传感器等是利用电能传递车辆状态信号的用电设备等。汽车电路的中间环节包括各种电控制装置、线束、插接器、继电器、开关、熔断装置等,分别起到控制、连接和保护汽车电路等作用。

2. 汽车电路的特点

汽车电路的特点是双电源、低压直流、负极搭铁、单线制。汽车普遍采用12V或24V低压直流供电。负极搭铁就是将蓄电池的负极用金属导线连接到发动机或底盘等金属车体。单线制,即汽车上利用发动机、底盘或车身等金属机件作为各种用电设备的共用连接导线,用电设备与电源之间只有一根导线连接。汽车上任何一个电路的电流都由电源正极出发,经导线流入用电设备后,通过金属车架流回电源负极,形成回路。

3. 汽车电路图的类型

汽车维修手册中采用不同电路图,用以表示电路原理、电器元件安装位置、连接器类型及接线情况、电线颜色、接线盒和继电器盒中继电器及熔断器的位置、线束在汽车上的布置等。

（1）车辆布线图。

车辆布线图(图2-15)是按照汽车电器在车身上的实际位置相对应地将外形简图画出,再用线将电源、开关、熔断器等装置和各电器一一连接起来的。其特点是电器元件的外形和安装位置都与实际情况相同,很方便查线,确定线束走向和插接器位置。

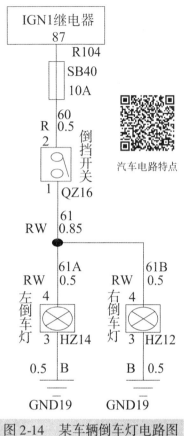

图2-14 某车辆倒车灯电路图

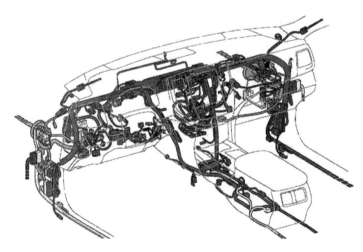

图2-15 车辆布线图

(2)车辆定位图。

车辆定位图(图2-16)用于指示各电器及导线的具体位置。一般采用绘制的立体图或实物照片的形式,立体感强,能直观、清晰地反映电器元件在车上的实际位置,具有很高的实用价值。

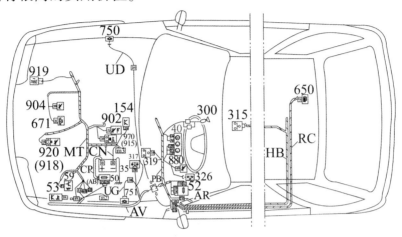

图 2-16　车辆定位图

车辆定位图还可以进一步细化分为车辆电器定位图、车辆线束图、连接器插脚图、接线盒平面布置图等,一般维修手册上都会提供阅读示例。

(3)电路原理图。

电路原理图即电路图,其是用简明的图形符号按电路原理将线路图高度简化后得到的,故图面清晰、电路简单明了、通俗易懂,更好地反映了各个电路系统的组成及电路原理。

(4)电路原理方框图。

电路原理方框图(图2-17)是把一个完整电路划分成若干部分,各个部分用方框表示,每个方框中所标注的内容一般是整车或系统的一个独立部件。每个方框之间的关系由方框之间的线条沟通,所用箭头表示信息或电量的流向。在分析电路工作原理之前先阅读该电路的原理方框图,有助于深入了解电路的工作原理。

三、电路识读方法

1. 基本要求

(1)要求熟悉每种电子元器件的电路符号。电子元器件是组成各种电子线路及设备的基本单元,熟悉电子元器件的电路符号是识读电路图的基本要求。

(2)能够根据图纸快速查找元器件在电子设备中的具体位置。根据电路图迅速、准确地判断出有关电路在整车结构中的部位,直至查找到元器件的实际位置是识读电路图的主要目的之一。

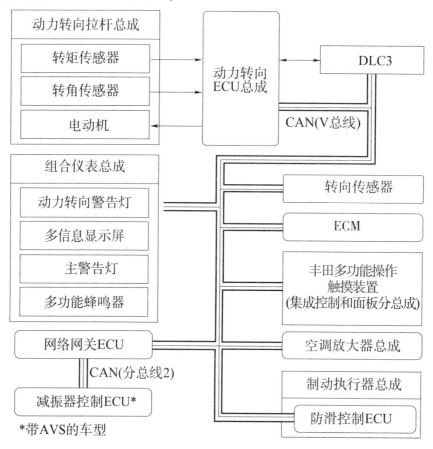

图 2-17　电路原理方框图

(3) 能够看懂方框图。方框图勾画出电子设备组成和工作原理的大致轮廓。能够看懂方框图,是掌握整个电子设备工作原理和工作特点的基础。

(4) 具有一定的识别能力。一个电子设备通常是由单元电路构成的,而单元电路又由多种电子元器件组成。在读图过程中,还要求具有对单元电路、电子元器件的识别能力。

2. 电路识读的基本方法

(1) 化繁为简,以电子元器件为主。要立即读懂由成千上万个电子元器件组成的复杂电路的确有困难,遵循化繁为简、由表及里、逐级分析的识读原则,读懂并走通电路就变得容易了。在分析电路时,要注意把握以电子元器件为主的要领。

(2) 查找电源和搭铁,熟记回路原则。在识图时找到电源,不仅能够了解各电子电路的供电情况,而且还能够以此为线索对电路进行静态分析。对于维修人员来说,通常应了解电路中各点工作电压的情况,分析时要找准地线,并以此作为测量各点工作电压的基准。

(3)利用功能开关,走通回路。功能开关的切换可使电子设备工作于不同的状态,在其内部形成不同的工作回路,如继电器。因此,读图时必须了解功能开关在不同位置时的电路特点和工作情况。

以图2-14所示倒车灯电路中左侧制动灯为例,其工作流程为:驾驶人换入倒挡后倒挡开关闭合,IGN1继电器提供12V电源。电流依次经过IGN1继电器、SB40熔断丝、倒挡开关、左侧倒车灯后经搭铁点GND19处接入车身,通过车身金属外壳返回电源负极,左侧倒车灯点亮。

四、数字式万用表

在进行电路检查过程中,经常需要使用万用表测量电路的电阻、电压、电流等物理量,以便分析电路的工作技术状态。目前,汽车维修行业使用较为广泛的为数字式万用表,如图2-18所示。

数字式万用表主要由数字电压表、测量电路、量程转换开关等组成。当量程转换开关置于不同的位置时,可组成不同的测量电路,用于完成不同的测量任务,如不同大小的电流、电压测量。数字式万用表前面板(图2-19)装有液晶显示屏、量程转换开关、输入插口及开机键,后面板附有电池盒用以提供电源。

图2-18 数字式万用表

使用数字式万用表时,首先请应检查其自身电源,即将ON-OFF按钮按下,如果电池电量不足,则显示屏上方会出现电量低的符号。测量操作时要注意,不同的测量操作,测试笔的接线不同,要注意测试笔插孔旁边的符号,同时要留意测试电压和电流不要超出限值。此外,在使用前要先将量程放置在将要测量的挡位上。

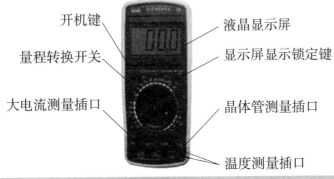

图2-19 数字式万用表前面板

1. 使用万用表测量电压

(1) 连接表笔,将黑表笔插入"COM"孔,红表笔插入"VΩ"孔。

(2) 选择量程。测直流电压时,将功能开关置于 DCV 量程范围;而测交流电压时,则将功能开关置于 ACV 量程范围。根据待测电压大小选择量程,如无法确定,则先用最高电压挡来测量,根据测量显示值逐渐换用低电压挡。

(3) 将测试表笔跨接到被测负载或信号源上,显示屏则显示电压读数,同时会指示出红表笔的极性,如图 2-20 所示。注意若显示为"1.",则表明测量值超出量程范围,须增大量程重新测量。

2. 使用万用表测量电流

(1) 连接表笔,将黑表笔插入"COM"孔,红表笔插入"A"孔(被测电流在 200mA)或"10A"孔(被测电流在 200mA~2A 之间)。

(2) 量程选择。根据测试需要,将功能开关置于直流电流(DCA)或交流电流(ACA)量程范围。

(3) 将万用表接入电路,将测试笔串联接入被测电路中(图 2-21),然后读数。

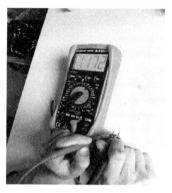

图 2-20　使用万用表测量电压

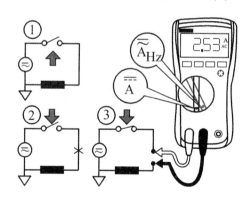

图 2-21　使用万用表测量电流

实训项目一　照明电路的连接与测量

实训描述

使用剥线钳、螺丝刀等常用工具,将提供的 12V 电源、开关、灯泡等电子元器件连接成简单汽车照明电路,并测试其正常工作。

实训要求

完成实训项目应做到:

(1)规范使用剥线钳、一字螺丝刀、十字螺丝刀等常见电路连接工具。

(2)判断电路的工作状态。

(3)叙述电路连接注意事项。

一、实训器材

安全防护:注意电源两端不能短接。

工具设备:12V电源、开关、灯泡、熔断器、螺丝刀、剥线钳、导线等。

辅助材料:实训指导书、教材。

二、实训步骤

操作规范:正极使用红色线,负极使用黑色线;将电路连接完整后,保持开关断开状态,再连接蓄电池,禁止将蓄电池先通电再接线;连接蓄电池时先接正极后接负极,拆卸过程与安装过程相反。

1.实训准备

阅读简单照明电路示意图(图2-22)和简单照明电路原理图(图2-23),叙述简单照明电路的主要组成部分及其作用主要电子元器件的作用。

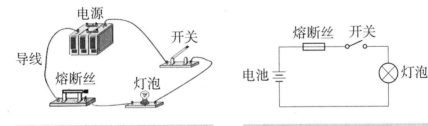

图2-22 简单照明电路示意图　　图2-23 简单照明电路原理图

电源:_____　　灯泡:_____

开关:_____　　导线:_____

熔断丝:_____

2.简单照明电路的连接步骤

(1)把小灯泡安装在小灯座上,再连接上导线。

(2)将灯泡一端的导线连接至开关,保持开关打开。

(3)将灯泡一端的导线连接至熔断丝。

(4)用导线将开关连接至电源正极。

(5)确认开关处于断开状态,用导线将熔断丝连接至电源负极。

(6)断路状态测试:当开关断开时,电路处于(　　)状态,此时灯泡(　　)。

(7)通路状态测试:当开关闭合时,电路处于(　　)状态,此时灯泡(　　)。接通电路后,灯泡会发光,说明此时电池提供的电能通过电流的形式转变成(　　);用手触摸灯泡会觉得热,说明此时电能还能转变成(　　)。

(8)虚接状态测试:将灯泡一端的导线连接拧松至接触不良的状态,然后闭合开关,观察此时灯泡亮度较通路(　　),则电路处于(　　)状态。

三、实训评价表

实训评价表见表2-2。

实 训 评 价 表　　　　　　　　　　　　表2-2

姓名:		考核时间:		得分:
考核内容: (1)叙述汽车电路组成; (2)电路连接操作; (3)电路工作状态实验				
评价内容	项目	标准	考核记录	
准备工作	实训场地及个人防护	2		
	检查工作场地、设备、工具和维修资料	2		
	工作前设备的相关检查	2		
专业技能	识读简单照明电路示意图和原理图	5		
	依照电路图连接灯泡	5		
	依照电路图连接开关	5		
	依照电路图连接熔断丝	5		
	依照电路图连接电源	5		
	操作过程电子元器件无落地现象	6		
	完成电路的断路状态测试	10		
	完成电路的通路状态测试	10		
	完成电路的虚接状态测试	10		
	电路拆卸及工位复位	5		
	准确清晰填写工单	5		
	完成全部测量作业	2		
安全和整理	拆装件安装到位	5		
	无设备工具损坏,身体无受伤	2		
	工位复位清洁	5		

续上表

评价内容	项目	标准	考核记录
小组合作	学习态度积极主动,能够与小组同学分工协作	2	
	服从实训管理	2	
时间	按时完成作业任务(10min)	5	

实训项目二　使用万用表测量电路物理量

实训描述

借助维修手册帮助识读制动灯电路电路图,并在试车上找到电路中主要实物以便完成测试操作。使用数字式万用表测量车辆制动灯电路的电流和电压。

实训要求

完成实训项目应做到:
(1)参照维修手册上的定位图和电路图识读汽车电路图。
(2)完成车辆制动灯电路的电流测量。
(3)完成车辆制动灯电路的电压测量。

一、实训器材

工具设备:实训车辆开关、制动灯泡、万用表、导线等。
辅助材料:实训指导书、维修手册、车外防护三件套、车内防护套件。

二、实训步骤

使用万用表测量电路物理量实训步骤见表2-3。

使用万用表测量电路物理量实训步骤表　　表2-3

步骤	图示	操作指引(以哈弗M6为例)
1		阅读维修手册,查找倒车灯电路图。识读倒车灯电路图

续上表

步骤	图示	操作指引（以哈弗 M6 为例）
2	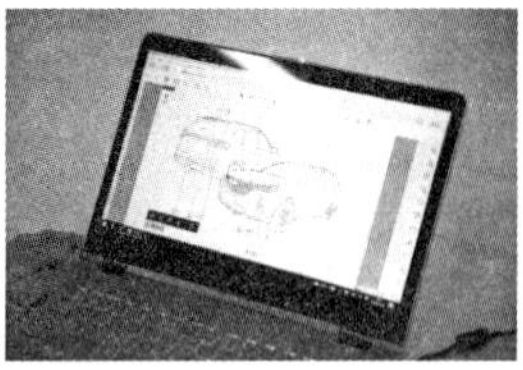	阅读维修手册中倒车灯电路的定位图，找到倒车灯泡及其线路插接器的位置
3	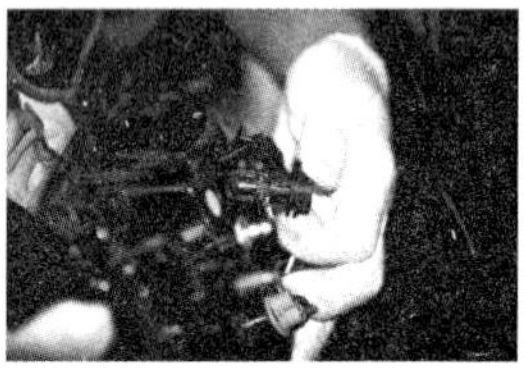	按照维修手册的指引，从后位灯组中拆卸出倒车灯泡及其插接器
4		关闭点火开关，断开左侧倒车灯插接器（HZ14）。在助手的帮助下，使用导线将万用表串联至倒车灯电路，此时万用表测量的电流为（　　）；打开点火开关，将车辆换入倒挡，万用表测量的电流为（　　）
5		关闭点火开关，断开倒车灯插接器。用万用表测量倒车灯插接器两针脚的电压为（　　）；打开点火开关，将车辆换入倒挡，使用万用表再次测量电压为（　　）
6	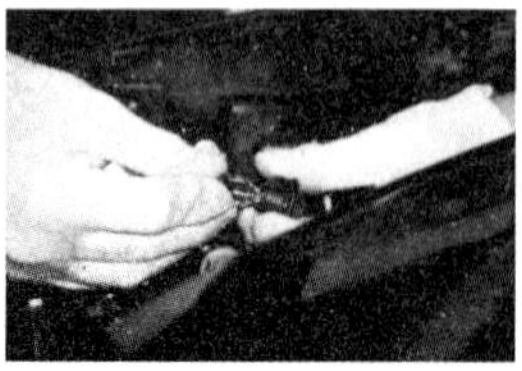 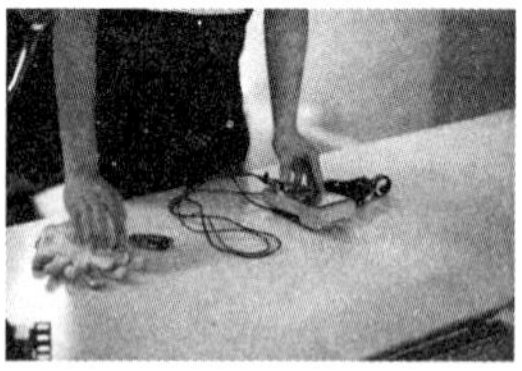	整理工具设备，倒车灯组装复位，完成工位5S作业及实操收尾工作

三、实训评价表

实训评价表见表2-4。

第二章 电路和电路图

实训评价表　　　　　　　　　　　　　　　　　表2-4

姓名：	考核时间：		得分：
考核内容 (1)识读汽车电路图； (2)使用万用表测量电路电流和电压； (3)能利用测量的数据进行简单电路状态分析			
评价内容	项目	标准	考核记录
准备工作	车辆内外防护	2	
	检查工作场地、设备、工具和维修资料	2	
	工作前车辆的相关检查	2	
专业技能	查阅维修手册	5	
	识读电路图	5	
	从后位灯组中拆卸出倒车灯泡及其插接器	5	
	万用表校准	5	
	使用万用表测量电路电流	15	
	使用万用表测量电路电压	15	
	准确清晰填写工单	10	
	车辆灯组装复位	10	
	万用表复位	1	
	完成全部测量作业	2	
安全和整理	拆装件安装到位	5	
	无车辆损坏,身体无受伤	2	
	工位复位清洁	5	
小组合作	学习态度积极主动,能够与小组同学分工协作	2	
	服从实训管理	2	
时间	按时完成作业任务(10min)	5	

 自我检测

一、单项选择题

1. 电路一般由电源、负载、导线和(　　　)组成。

　　A. 开关　　　　B. 熔断器　　　　C. 灯泡　　　　D. 蓄电池

2. 电流中方向、大小随着时间保持不变的电流称为(　　　)。

A. 交流电流   B. 直流电流   C. 脉冲电流   D. 击穿电流

3. 电路的工作状态可分为有载工作状态、断路状态和( )。

    A. 短路状态   B. 虚接状态   C. 通路状态   D. 无负载状态

4. 汽车上的供电装置有蓄电池和( )。

    A. 起动机   B. 发电机   C. 变压器   D. 整流器

5. 使用万用表测量电压时,万用表应( )在电路中;测量电流时,万用表应( )在电路中。

    A. 串联、串联   B. 串联、并联   C. 并联、串联   D. 串联、并联

二、判断题

1. 电路中电荷的有规则的定向移动形成电流,规定负电荷的运动方向为电流的方向。( )

2. 电流分直流电流和交流电流。方向、大小保持不变的电流为恒定电流,即直流电流;大小和方向随时间作周期性交替变化的电流为交流电流。( )

3. 电压的方向规定为从低电位指向高电位的方向。由于两点之间电压方向是由低电位点指向高电位点,所以电压也常称为电压降。( )

4. 使用万用表测量电压时,万用表应串联在电路中;测量电路时,万用表应并联在电路中。( )

5. 不知道被测物体电流大小时,使用万用表选择量程测量应由大到小。( )

三、多项选择题

1. 简单电路通常由( )组成。

    A. 电源   B. 负载   C. 导线   D. 保护装置

2. 电流按照其变化与否,可分为( )。

    A. 直流电   B. 脉冲电流   C. 感应电流   D. 交流电

3. 直流电路中负载的电功率通常可以用通过其的( )的乘积来计算。

    A. 电阻   B. 电流   C. 电压   D. 电位

第三章 直流电路

第一节 电　　阻

本节描述

一车辆到店维修,经检测,其发动机自诊断系统存在冷却液温度传感器相关故障码。排除此类汽车电气故障需要掌握电阻的基础知识,从而为故障电路的检查打下基础。本节从电阻的定义入手,着重介绍了电阻器的类型、参数,电阻器的标注和电阻测量的基本方法。

> **学习目标**
> 1.知识目标
> (1)能叙述电阻的种类;
> (2)能识读电阻器色环电阻;
> (3)能叙述线性电阻和非线性电阻的区别;
> (4)能判断电阻器阻值。
> 2.技能目标
> (1)通过电阻色环识别电阻阻值;
> (2)能用万用表测量给定元件的电阻值。

一、电阻

电阻反映了导体的导电能力,是导体的客观属性,它的大小与导体的材料、长度、导体横截面面积和导体所处的环境温度有关。实验结果表明,在保持温度不变的条件下,导体的电阻与导体的长度成正比,与导体的横截面面积成反比,并与导体的材料性质有关,如式(3-1)所示:

$$R = \rho \frac{L}{S} \tag{3-1}$$

式中：R——电阻值，Ω；

L——导体长度，m；

S——导体横截面面积，m^2；

ρ——导体电阻率。

电阻率是表示物质电流阻碍特性的物理量，与材料性质和所处条件有关。某种材料制成长为1m、横截面面积为$1m^2$的导体的电阻，在数值上等于这种材料的电阻率。

导体的电阻率与其所处环境的温度密切相关，有些材料（如常见金属材料）电阻率随着温度增加而增加，也有些材料则相反。该性质通常用电阻率温度系数衡量，即当温度每升高1℃时，电阻增大的百分数。实验证明，绝大多数金属材料的电阻率温度系数都约等于4‰。少数金属材料的电阻率温度系数极小，而成为制造精密电阻的材料。

二、电阻器

1. 电阻器的类型

电阻器简称电阻。在电子电路中常用的电阻有固定式电阻和可变式电阻，按制作材料和工艺不同，固定式电阻可分为膜式电阻、实心电阻、金属线绕电阻等，可变阻器可分为光敏电阻、热敏电阻、压敏电阻和湿敏电阻。

2. 电阻器的参数

（1）标称阻值。

标称阻值通常是指电阻器上标注的电阻值。电阻值的基本单位是欧姆（简称欧），用"Ω"表示。在实际应用中，还常用千欧（$k\Omega$）和兆欧（$M\Omega$）表示。

（2）额定功率。

额定功率是指电阻电路中，在特定条件下长期工作时所能承受的最大功率。电阻额定功率值的标称值，一般分为0.25W、5W、1W、2W、3W、4W、5W和10W。

（3）允许偏差。

允许偏差指电阻实际阻值与标称阻值的偏差范围，它表示电阻的精度，偏差越小，其阻值精度就越高，稳定性也好，但其生产成本相对较高。通常，普通电阻允许偏差为±5%、±10%、±20%，而高精度电阻的允许偏差则为±1%、±0.5%。

三、线性电阻和非线性电阻

1. 线性电阻

线性电阻的电阻值只与导体本身的材料和几何尺寸有关,而不随电压或电流的变化而变化。电阻值是一个常量,如图3-1a)所示的金属膜电阻即为线性电阻。

2. 非线性电阻

非线性电阻是指在某些条件下,电阻器阻值会发生急剧变化的电阻,例如汽车上冷却液温度、进气温度和环境温度传感器都是采用的负温度系数(NTC)的热敏电阻。当温度高时电阻值减小,温度低时电阻增大。如图3-1b)所示的热敏电阻,其电阻值随温度的升高而减小。

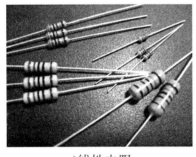

a)线性电阻　　　　b)非线性电阻

图 3-1　线性电阻和非线性电阻

四、超导现象

超导现象一般指超导,即导体在某一温度下,电阻为零的状态。在试验中,若导体电阻的测量值低于 $10^{-25}\Omega$,则可以认为电阻为零。人们把处于超导状态的导体称之为"超导体"。超导体由于无电阻,电流流经超导体时就不发生热损耗,因此,可以毫无阻力地在导线中形成强大的电流。

超导体的应用可分为三类:强电应用、弱电应用和抗磁性应用。强电应用即大电流应用,包括超导发电、输电和储能;弱电应用即电子学应用,包括超导计算机、超导天线、超导微波器件等;抗磁性应用主要包括磁浮列车和热核聚变反应堆等。

五、电阻标注方法

1. 直标法

直标法是用阿拉伯数字和单位符号在电阻器表面直接标出标称阻值,如图3-2所示。图中"5W5ΩJ"的意义为:"5W"是标称功率,表示该电阻能长期工作在5W以下的功率状态；"5Ω"表示标称阻值为5Ω；"J"表示其为金属膜电阻。

2. 色环法

图 3-2　电阻直标法

一般碳膜和金属膜电阻的阻值标识采用色环法表示，有四环和五环。色环由左到右依次排列，不同颜色在电阻器中表示不同数字，从而标出标称阻值和允许偏差。色环与数字的对应关系见表 3-1。

色环与数字的对应关系　　　　　　　　　　　表 3-1

色环	棕	红	橙	黄	绿	蓝	紫	灰	白	黑	金	银	无
数字	1	2	3	4	5	6	7	8	9	0	5%	10%	15%

色环电阻对照如图 3-3 所示，色环的识读可参考该图。

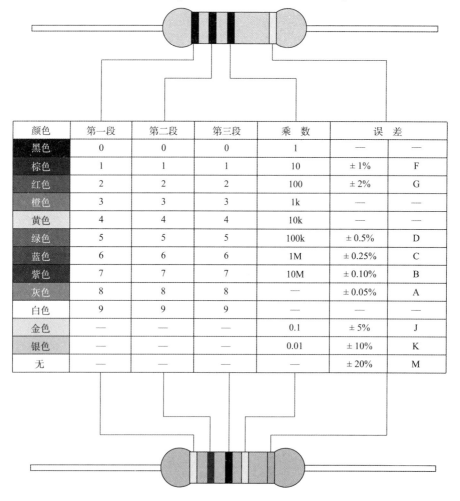

颜色	第一段	第二段	第三段	乘　数	误　差	
黑色	0	0	0	1	—	—
棕色	1	1	1	10	±1%	F
红色	2	2	2	100	±2%	G
橙色	3	3	3	1k	—	—
黄色	4	4	4	10k	—	—
绿色	5	5	5	100k	±0.5%	D
蓝色	6	6	6	1M	±0.25%	C
紫色	7	7	7	10M	±0.10%	B
灰色	8	8	8	—	±0.05%	A
白色	9	9	9	—	—	—
金色	—	—	—	0.1	±5%	J
银色	—	—	—	0.01	±10%	K
无	—	—	—	—	±20%	M

图 3-3　色环电阻对照图

六、电阻测量的基本方法

(1)连接表笔。将黑表笔插入"COM"孔;红表笔插入"VΩ"孔。

(2)万用表校零。打开万用表,将万用表欧姆挡旋转到量程的最小挡位,短接万用表正负表笔,看万用表读数是否小于0.5Ω(图3-4)。

注意:不要用手触碰表笔金属部位。

(3)选择量程。根据需要选择电阻测量量程。

(4)测量方法。将黑、红表笔分别跨接在电阻两端,使其牢固接触(图3-5)。注意在检测电路电阻时,应关闭被测电路的电源,并使被测电路中电容放完电,才能进行测量,否则,会影响读数或损坏万用表。

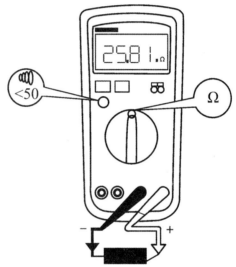

图3-4 万用表校零　　　　图3-5 使用万用表测量电阻

(5)读数。用表盘电阻读出数字应乘以挡位开关倍数,乘积即为电阻值。在"200"挡位时单位是"Ω",在"2k"到"200k"挡时单位为"kΩ","2M"以上的单位是"MΩ"。

第二节　直流电路中的基本定律

本节描述

一车辆到店维修,驾驶人描述故障为左转向灯不亮。排除此类汽车电气故障需要掌握欧姆定律、串并联电路图的特点和计算方法,并在检修过程中掌握电路的检查方法、电压降方法的正确使用。本节主要介绍欧姆定律、串联电路和并联电路的规律及混联电路分析的方法。

> **学习目标**
> 1. 知识目标
> (1) 能叙述欧姆定律；
> (2) 能叙述串联、并联、混联电路的特点；
> (3) 能进行串联、并联、混联电路的参数计算。
> 2. 技能目标
> (1) 能叙述欧姆定律在电路中的运用方法；
> (2) 能完成串联、并联、混联电路的分析。

一、欧姆定律

欧姆定律是电路分析中的基本定律，可以用来确定电路中的电流、电压关系。

1. 部分电路的欧姆定律

一段不包含电源的电路通常称为部分电路，如图3-6所示。

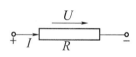

图3-6 部分电路

1827年，德国物理学家欧姆从大量实验中总结出了以下规律：流过导体的电流 I 与这段导体两端的电压 U 成正比，与这段导体的电阻 R 成反比，这个规律叫作部分电路欧姆定律，其数学表达式为：

$$I = \frac{U}{R} \tag{3-2}$$

式中：I——电流，A；
　　　U——电压，V；
　　　R——电阻，Ω。

有一些电阻的阻值不随两端的电压和通过的电流的改变而改变，它们的阻值可理想地看作常数。根据式(3-2)可知，如果已知 U 和 R 的值，则可利用部分电路欧姆定律求出通过电阻的电流值。

【例3-1】 某汽车倒车灯的电阻为 7.2Ω，如果倒车灯的额定工作电压为12V，那么其工作时电流为多少？此倒车灯的功率是多大？

解：

$$I = \frac{U}{R} = \frac{12}{7.2} \approx 1.7(\text{A})$$

$$P = UI = 12 \times 1.7 \approx 20(\text{W})$$

在电阻阻值固定的电路中(即电阻值不随通过的电流和两端电压的改变而改变),利用欧姆定律,只要知道 U、R、I 其中任意两个,即可求出另一个值。

在包含电源的电路中,通常为了方便分析,将电源认为是理想电源,即电源自身不存在内阻,则同样可以使用式(3-2)进行分析。如果要考虑电源的内阻,则需要使用全电路欧姆定律。

2. 全电路欧姆定律

全电路是指含有电源的闭合电路,如图3-7所示。其中电源以外的电路称为外电路,外电路的电阻 R 称为外电阻;电源内部的电路称为内电路,电源的内部也有电阻 r,称为内电阻。

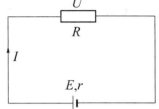

图3-7　全电路图

全电路中的电流强度 I 与电源的电动势 E 成正比,与整个电路的电阻(即内电路总电阻 r 与外电路总电阻 R 的总和)成反比。这个规律叫作全电路欧姆定律,即:

$$I = \frac{E}{R+r} \tag{3-3}$$

式中:I——电流,A;

E——电动势,V;

R、r——电阻,Ω。

欧姆定律

外电阻 R 上的电压称为外电压 U,也称为路端电压。根据欧姆定律可知:$U = IR = E - Ir$。电源内阻 r 上的电压称为 U_r,根据部分电路欧姆定律可得 $U_r = Ir$。

由此可知 $U = U + U_r = IR + Ir$,即电源电动势等于内外电压之和。

根据式(3-3)可知,电池内阻影响其在电路的放电电流大小。理论上,电池的内阻越小越好。在新能源汽车动力蓄电池设计制造时,会尽可能降低电池的内阻,以提高车辆电路能够获得的外电压,提高蓄电池输出功率,从而增大车辆续驶里程。蓄电池的内阻会随着使用时间增加,内阻大小是反映其技术状况的检测指标。

二、串联电路

1. 串联电路的定义

串联电路是两个或两个以上个用电器首尾依次相连,中间没有分支的连接在电路中的形式,如图3-8所示。串联电路中电有一条路径,任何一处断路都会出现电路故障。

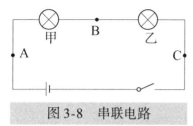

图 3-8 串联电路

串联电路具有如下特点:电流只有一条通路;开关控制整个电路的通断;各用电器之间相互影响。图 3-8 的电路中,当开关闭合时,整个电路导通,电流依次甲、乙两个用电器,如果 AB 段甲灯泡故障,则 BC 段乙灯泡也无法正常工作。

2. 串联电路的规律

将若干个电阻串联在电路中,如图 3-9a)所示。

串联电路示意图

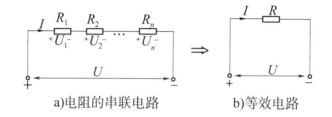

a)电阻的串联电路 b)等效电路

图 3-9 电阻的串联

串联电路具有如下规律:

(1)电路的总电阻(等效电阻)等于各电阻阻值之和,由此可知将 n 个电阻串联电路中,等效于接入一个阻值较大的电阻[图 3-9b)],即:

$$R = R_1 + R_2 + R_3 + \cdots + R_n \tag{3-4}$$

式中:R——总电阻,Ω。

由此可知,电路中串联变阻器可以起到分压或调节电压的作用。

(2)通过每个电阻的电流相等,并等于总电流,即:

$$I = I_1 = I_2 = I = \cdots = I_n \tag{3-5}$$

式中:I——总电流,A。

(3)电路两端的总电压等于各电阻两端电压之和,即:

$$U = U_1 + U_2 + U_3 + \cdots + U_n \tag{3-6}$$

式中:U——总电压,V。

结合欧姆定律可知,每个电阻上分担的电压与其阻值成正比,即:

$$\frac{U_1}{R_1} = \frac{U_2}{R_2} = \cdots = \frac{U_n}{R_n} \tag{3-7}$$

(4)串联电路消耗的总功率等于各电阻消耗的功率之和;结合电路功率计算公式 $P = I^2R$,可知单个电阻分担的功率与其阻值成正比,即:

$$P = I^2R = I^2(R_1 + R_2 + \cdots + R_n) = P_1 + P_2 + \cdots + R_n \tag{3-8}$$

$$I^2 = \frac{P}{R} = \frac{P_1}{R_1} = \frac{P_2}{R_2} = \cdots = \frac{P_n}{R_n} \tag{3-9}$$

式中:P——总功率,W。

三、并联电路

1. 并联电路的定义

将两个或两个以上的用电器的两个端点并列地连接在电路中的两点,这种连接方式称为并联,如图 3-10 所示。电路中构成并联的电路元件间电流有一条以上的相互独立通路。

并联电路各用电器之间无影响。如图 3-10 所示的电路中,如电路中 B 点故障,则甲灯泡无法正常工作,乙灯泡可正常工作。但是如电路 A 点故障,则甲、乙灯泡均无法正常工作。

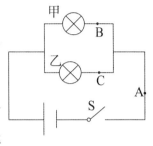

并联电路示意图

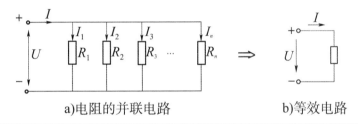

图 3-10 并联电路

2. 并联电路的规律

将在电路中若干个电阻连接在两个公共的节点之间,电阻并联在电路中,如图 3-11a) 所示。

a)电阻的并联电路　　　　b)等效电路

图 3-11　电阻的并联

并联电路具有如下规律:

(1) 并联电阻两端的电压相等,即:

$$U = U_1 = U_2 = \cdots = U_n \tag{3-10}$$

(2) 总电流等于各电阻分电流之和,即:

$$I = I_1 + I_2 + I_3 + \cdots + I_n \tag{3-11}$$

由此可知,电路中并联变阻器可以起到分流或调节电流的作用。

结合欧姆定律可知,各支路的电流与其支路电阻成反比,即:

$$IR = I_1 R_1 = I_2 R_2 = I_3 R_3 = \cdots = I_n R_n \tag{3-12}$$

(3) 电路的总电阻(等效电阻)的倒数等于各分电阻倒数之和。由此可知,将 n 个电阻并联电路中,等效于接入一个阻值较小的电阻[图 3-11b)]。

因为:

$$I_1 = \frac{U_1}{R_1}, I_2 = \frac{U_2}{R_2}, \cdots, I_n = \frac{U_n}{R_n}$$

所以：

$$\frac{1}{R} = \frac{1}{R_1} + \frac{1}{R_2} + \frac{1}{R_3} + \cdots + \frac{1}{R_n} \tag{3-13}$$

由此可知，并联电路的总电阻小于最小的电阻，并联电路中并联电阻越多，总电阻越小。

(4) 并联电阻消耗的总功率等于各电阻消耗的功率之和。结合电路功率计算公式 $P = U^2/R$，可知并联电路中各支路的功率与其支路电阻成正比，即：

$$P = P_1 + P_2 + P_3 + \cdots + P_n \tag{3-14}$$

因为：

$$P = \frac{U^2}{R}, P_1 = \frac{U_1^2}{R_1}, P_2 = \frac{U_2^2}{R_2}, P_3 = \frac{U_3^2}{R_3}, \cdots, P_n = \frac{U_n^2}{R_n}$$

根据式(3-10)，所以有：

$$PR = P_1 R_1 = P_2 R_2 = P_3 R_3 = \cdots = P_n R_n \tag{3-15}$$

四、混联电路

电路中既有用电器串联，又有用电器并联，这种连接方式叫作混联，如图3-12所示。混联电路是由串联电路和并联电路组合在一起的特殊电路。

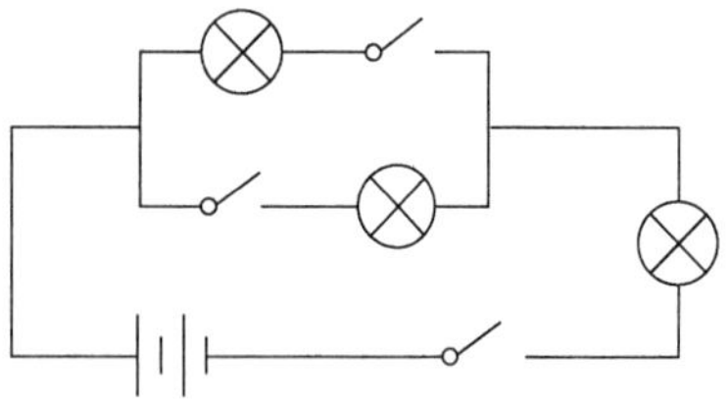

混联电路的主要特征就是串联分压，并联分流。在分析混联电路时，应从内分析到外，从小分析到大，把电路分解成若干个串联和并联部分，再按照串、并联电路的特点进行分析，如图3-13所示。

图3-12 混联电路

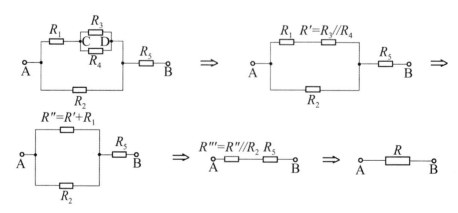

图3-13 混联电路分析

【例3-2】 如图3-14所示的混联电路,已知 $R_1=10\Omega, R_4=20\Omega, R_2=300\Omega, R_3=600\Omega$,则电路的等效电阻 R 阻值是多少?

解:

如图3-14所示,由于 R_2、R_3 并联,由式(3-13)可知,等效电阻 R_{23} 可按下式计算:

$$\frac{1}{R_{23}} = \frac{1}{R_2} + \frac{1}{R_3}$$

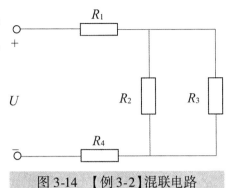

图3-14 【例3-2】混联电路

即:

$$R_{23} = \frac{R_2 + R_3}{R_2 R_3} = \frac{300+600}{300 \times 600} = 200\Omega$$

同理,R_{23}、R_1、R_4 串联,则等效电阻 R 为:

$$R = R_{23} + R_1 + R_4 = 10 + 200 + 20 = 230\Omega$$

实训项目一　电子元器件电阻值的测量

实训描述

使用万用表,测量出电子元器件的电阻值,并记录数据。

实训要求

完成实训项目应做到:
(1)能规范使用万用表。
(2)能叙述电路电阻测量前的注意事项。
(3)完成操作规范和作业现场5S管理。

一、实训器材

工具设备:数字式万用表,12V蓄电池、导线、熔断器、继电器、灯泡;
辅助材料:连接导线、教材。

二、实训步骤

电子元器件电阻值的测量实训步骤见表3-2。

电子元器件电阻值的测量实训步骤表　　　　表 3-2

步骤	图　示	操作指引
1	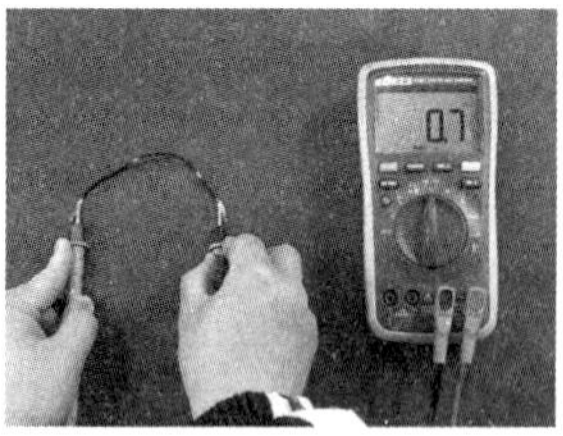	将万用表挡位调整至欧姆挡,测量导线阻值为_____
2	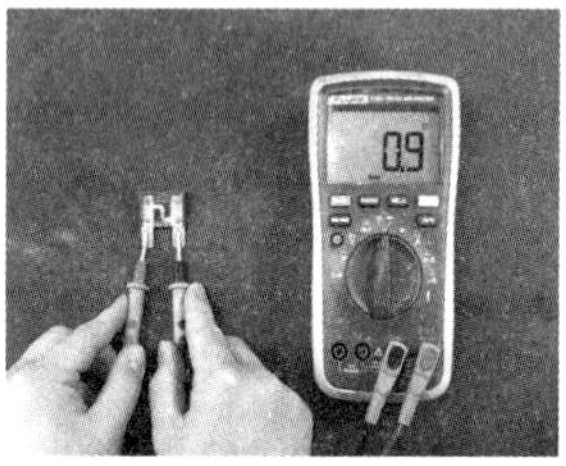	将万用表挡位调整至欧姆挡,测量熔断器阻值为_____
3	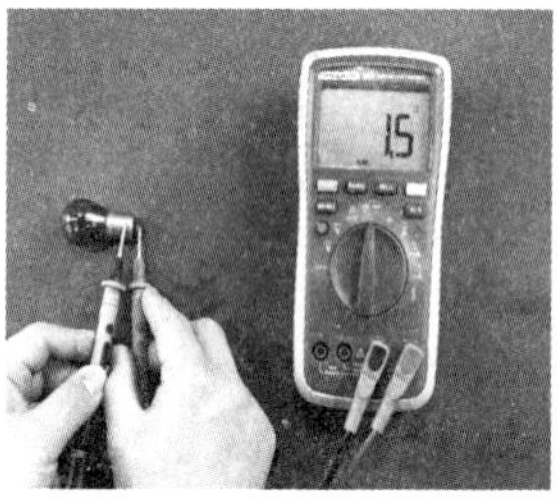	将万用表挡位调整至欧姆挡,测量灯泡阻值为_____
4	 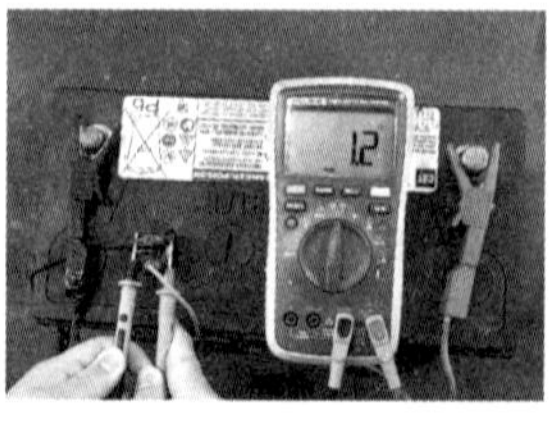	将万用表挡位调整至欧姆挡,测量继电器线圈阻值为_____。用测试线将继电器线圈接入 12V 电源,测量继电器开关阻值为_____

三、实训评价表

实训评价表见表 3-3。

实训评价表　　　　　　　　　　　　　　　　　　　　　　　表3-3

姓名：	考核时间：		得分：

考核内容：
(1)能正确使用万用表测量导线、熔断器、灯泡和继电器电阻；
(2)能利用测量的数据进行简单状态分析

评价内容	项目	标准	考核记录
准备工作	检查工作场地、设备、工具和维修资料	3	
	认真阅读实训指导手册	2	
专业技能	首次使用万用表前进行校准	5	
	正确测量导线电阻值	5	
	正确判断导线状态	5	
	正确测量熔断器电阻值	5	
	正确判断熔断器状态	5	
	正确测量灯泡电阻值	5	
	正确判断灯泡状态	5	
	正确测量继电器线圈阻值	10	
	正确测量继电器开关阻值	10	
	正确判断继电器状态	10	
安全和整理	身体无受伤、设备未损坏	5	
	工位复位清洁	5	
小组合作	准确清晰填写工单	5	
	学习态度积极主动，能够与小组同学分工协作	5	
	服从实训管理	5	
时间	按时完成作业任务(10min)	5	

实训项目二　串联、并联电路的测量

实训描述

使用万用表测量串联、并联电路的物理参数，验证串联、并联电路的规律。

实训要求

完成实训项目应做到：

(1)完成串联、并联电路的连接。

(2)用万用表完成电路物理参数的测量。

(3)安全、规范地进行作业。

(4)规范地做好工作现场的5S管理工作。

一、实训器材

万用表、电阻器、连接导线、电流表、开关、蓄电池、电灯泡、常用电工工具。

二、实训步骤

1. 串联电路

串联电路实训步骤见表3-4。

串联电路实训步骤表　　　　　　　　表3-4

步骤	图　示	操作指引
1	(电路原理图：+12V电源，灯泡L₁、L₂，电压表V₁、V₂，电流表A)	识读电路原理图,说明电路结构特点。灯泡 L_1 和 L_2 _____联在电源两端,其中电流表A测量的是_____
2	(实物连接图)	按照电路图,连接完整串联电路,注意连接前先关闭电源开关。 注:也可以使用独立元器件连接完成。 检查无误后接通电源,记录电流表的数值;使用万用表测量 L_1 和 L_2 的各自电压 U_1、U_2 和两端总电压,将测量的参数填入表中
3	填写下表中的数据。 | 测量次数	总电压U	电路电流I	灯泡L_1电压U_1	灯泡L_2电压U_2 | |---|---|---|---|---| | 1 | | | | | | 2 | | | | | | 3 | | | | |	
4	根据测量数据计算U与U_1、U_2的关系: 通过本次实训可以得出串联电路电压、电流分配的特点。 电压的分配特点是:_____; 电流的分配特点是:_____	
5	利用欧姆定律计算电路等效电阻,使用万用表测量灯泡L_1和L_2的阻值,验证其是否符合串联电路电阻规律	

2. 并联电路

并联电路实训步骤见表3-5。

并联电路实训步骤表 表3-5

步骤	图 示	操作指引
1	(电路原理图：+12V电源，电流表A、A₁、A₂，灯泡L₁、L₂，电压表V，GND)	识读电路原理图,读识电路原理图,说明电路结构特点。灯泡L_1和L_2_____联在电源两端,其中电流表A_1测量的是_____;电流表A_2测量的是_____。万用表测量的是_____
2	(实训器件连接图)	按照电路图,连接完整并联电路,注意连接前先关闭电源开关。 注:也可以使用独立元器件连接完成。 检查无误后接通电源,记录各电流表的数值。使用万用表分别测量灯泡L_1和L_2两端电压和电路总电压,将测量的参数填入表中
3	填写下表中的数据。 	测量次数	总电压U	灯泡L_1电压U_1	灯泡L_2电压U_2	电路总电流I	灯泡L_1电流I_1	灯泡L_2电流I_2
---	---	---	---	---	---	---
1						
2						
3								
4	从上表测量数据计算I与I_1、I_2的关系： 通过本次实训可以得出并联电路电压、电流分配的特点。 电压的分配特点是：_____; 电流的分配特点是：_____	
5	利用欧姆定律计算电路等效电阻,使用万用表测量灯泡L_1和L_2的阻值,验证其是否符合并联电路电阻规律	

三、实训评价表

实训评价表见表3-6。

实训评价表 　　　　　　　　　　　表3-6

姓名：	考核时间：		得分：

考核内容：
(1) 能正确使用万用表测量电流、电压、电阻；
(2) 能利用串联、并联电路实验数据进行简单分析，叙述串联、并联电路规律

评价内容	项目	标准	考核记录
准备工作	检查工作场地、设备、工具和维修资料	3	
	认真阅读实训指导手册	2	
专业技能	识读电路原理图	5	
	串联电路的连接	5	
	首次使用万用表前进行校准	5	
	串联电路电流的测量	5	
	串联电路电压的测量	5	
	串联电路电阻的测量	5	
	串联电路测量数据记录与分析	5	
	并联电路的连接	5	
	并联电路电流的测量	5	
	并联电路电压的测量	5	
	并联电路电阻的测量	5	
	并联电路测量数据记录与分析	5	
	串联、并联电路等效电阻计算	5	
安全和整理	身体无受伤、设备未损坏	5	
	工位复位清洁	5	
小组合作	准确清晰填写工单	5	
	学习态度积极主动，能够与小组同学分工协作	5	
	服从实训管理	5	
时间	按时完成作业任务(10min)	5	

 自我检测

一、单项选择题

1. 负温度系数热敏电阻随着温度升高，其电阻值(　　　)。

A. 上升　　　　B. 下降　　　　C. 不变　　　　D. 随机变化

2. 正温度系数热敏电阻随着温度下降,其电阻值(　　)。

A. 上升　　　　B. 下降　　　　C. 不变　　　　D. 随机变化

3. 在串联电路中,总电阻(等效电阻)与各电阻阻值的关系为(　　)。

A. 总电阻等于各电阻中最大的阻值

B. 总电阻等于各分阻值之和

C. 总电阻的倒数等于各分阻值倒数之和

D. 总电阻等于各电阻中最小的阻值

4. 在并联电路中,总电阻(等效电阻)与各电阻阻值的关系为(　　)。

A. 总电阻等于各电阻中最大的阻值

B. 总电阻等于各分阻值之和

C. 总电阻的倒数等于各分阻值倒数之和

D. 总电阻等于各电阻中最小的阻值

二、判断题

1. 允许偏差指电阻器实际阻值与标称阻值的偏差范围,它表示电阻器的精度,偏差越小的电阻器,其阻值精度就越小,稳定性越好,但其生产成本也相对较高,价格也贵。　　　　　　　　　　　　　　　　　　　　　　　　(　　)

2. 线性电阻是指电阻元件阻值不随输入电压和电流值的大小而改变的电阻。
　　　　　　　　　　　　　　　　　　　　　　　　　　　　(　　)

3. 负温度系统热敏电阻随着温度升高,其电阻值逐步增大。　　(　　)

4. 并联电路电压等于各分电器电压之和。　　　　　　　　　　(　　)

5. 串联电路中电流和电压都处处相等。　　　　　　　　　　　(　　)

三、多项选择题

1. 下列选项中固定电阻值的是(　　)。

A. 导线　　　　B. 熔断丝　　　　C. 光敏电阻　　　　D. 热敏电阻

2. 下列选项中属于电阻器的参数的是(　　)。

A. 标称电阻　　B. 标称电压　　　C. 额定功率　　　　D. 允许偏差

3. 下列选项中电阻值可变的是(　　)。

A. 热敏电阻　　B. 光敏电阻　　　C. 实心电阻　　　　D. 膜式电阻

第四章 交流电路

第一节 交 流 电

本节描述

　　交流电的使用非常普遍,生活中的家庭用电、学习中的工作用电大多属于交流电,学习交流电相关知识,对于家用电器的选择与维护有重要意义。本节将从交流电的概念,交流的最大值和有效值,交流电的频率、周期和角频率,交流电波形图解析几个方面对交流电进行学习。

> **学习目标**
> 1. 知识目标
> (1)能叙述交流电的概念;
> (2)能叙述交流的最大值和有效值的区别;
> (3)能叙述交流电的频率、周期和角频率的含义;
> (4)了解交流电的波形图表示法。
> 2. 技能目标
> (1)能识读正弦交流电的波形特征;
> (2)能根据已知三要素写出正弦交流电的解析式。

一、交流电的基本概念

　　交流电是指大小和方向都随时间作周期性变化的电流(电压、电动势),即交流电是交变电动势、交变电压和交变电流的总称。

　　与直流电大小和方向都不变相比,由于交流电的周期性变化使其拥有诸多优点:首先,交流电可以利用变压器进行电压变换,既便于远距离高压输电减少线路损耗,又便于低压配电保证用电安全和降低绝缘要求。其次,普遍应用的交流电机

与直流电机相比,具有结构简单、价格便宜、运行可靠、维护方便等特点。因此,现代发电厂发出的几乎都是交流电。最后,交流电经过整流可很方便地转化为直流电,供电镀、电解等需要用直流电的地方使用。车辆上装配的三相交流发电机发出的交流电就是通过整流转化为直流电为用电设备供电的。

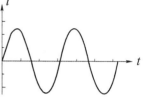

图4-1 正弦交流电的波形

交流电随时间变化的形式是多种多样的,不同变化形式的交流电,其应用范围和产生的效果也不同。如果交流电流的大小和方向随时间按正弦规律变化,则称为正弦交流电流(图4-1)。正弦交流电应用最为广泛,本节主要介绍正弦交流电。

二、正弦交流电的三要素

正弦交流电可以由频率(或周期)、幅值(或有效值)和初相位三个要素来描述。

正弦交流电的周期、频率和角频率

1. 频率、周期及角频率

正弦交流电变化一次所需的时间称为周期,每秒内变化的次数称为频率。工程中常用频率或周期来表示正弦交流电变化的快慢。

(1)正弦交流电的频率。交流电在1s内完成周期性变化的次数,用符号f表示,单位是赫兹(Hz),简称赫。

(2)正弦交流电的周期。正弦交流电完成一次周期性的变化所需要的时间,用符号T表示,单位是秒(s)。频率和周期都是反映交流电变化快慢的物理量,如果周期越短(频率越高),那么交流电变化就越快。根据定义可知,周期和频率互为倒数,即:

$$T = \frac{1}{f} \tag{4-1}$$

以及:

$$f = \frac{1}{T} \tag{4-2}$$

式中:T——时间,s;

f——频率,Hz。

(3)角频率。描述交流电变化的快慢,除了用周期和频率表示外,还可以用角频率表示。通常交流电变化一周也可以用2π弧度来计量,交流电每秒所变化的角度(电角度),叫作交流电的角频率,用符号ω表示,单位是rad/s。

因为交流电完成 1 次周期性变化所对应的电角度为 2π,所用时间为 T,所以角频率 ω 和周期 T 及频率 f 的关系为:

$$\omega = \frac{2\pi}{T} = 2\pi f \tag{4-3}$$

我国采用 50Hz 作为电力标准频率,其周期是 0.02s,角频率是 100π rad/s 或 314rad/s。

2. 幅值与有效值

(1) 幅值。正弦交流电在任意一瞬间的值称为这一时刻交流电的瞬时值,用小写字母 i、u、e 分别表示电流、电压和电动势的瞬时值。正弦交流电的瞬时值所能达到的最大值,称为幅值(或最大值),用带下标的大写字母表示,如 I_m、U_m、E_m 分别表示电流、电压和电动势的幅值。正弦交流电的瞬时值、幅值与时间的关系可用下面的瞬时值表达式表示:

$$\begin{cases} e = E_m \sin(\omega t + \varphi_e) \\ u = U_m \sin(\omega t + \varphi_u) \\ i = I_m \sin(\omega t + \varphi_i) \end{cases} \tag{4-4}$$

从图 4-1 正弦交流电的波形图可知,交流电完成一次周期性的变化,正、负幅值(最大值)各出现一次。正弦交流电的电流、电压和电动势大小往往不是用它的幅值来计量的,而是用其有效值来计量。

(2) 有效值。交流电的有效值是根据电流的热效应规定的,使某一交流电与直流电分别通过两个相同的电阻,如果在相同的时间内产生相同的热量,则该直流电的电量值就称为对应交流电的有效值。和表示直流的字母一样,用大写字母 E、U、I 分别表示交流电的电动势、电压、电流的有效值。通常所讲的正弦交流电压或电流的大小,例如交流电压 380V 或 220V,都是指它的有效值。交流电压表、电流表所测量的数值,各种交流电气设备铭牌上所标的额定电压和额定电流以及平时所说的交流电的值都是指有效值。一般凡涉及交流电的数值,只要没有特别说明,都是指有效值。一般交流电流表和电压表的刻度也是根据有效值来确定的。

正弦交流电的有效值和最大值之间的关系为:

$$\begin{cases} E = \dfrac{E_m}{\sqrt{2}} = 0.707 E_m \\ U = \dfrac{U_m}{\sqrt{2}} = 0.707 U_m \\ I = \dfrac{I_m}{\sqrt{2}} = 0.707 I_m \end{cases} \tag{4-5}$$

我国照明电路采用的周正弦交流电其电压有效值是220V，由式(4-5)可知，其幅值(最大值)为311V。

3. 初相位及相位

正弦交流电是随时间而周期性变化的，正弦交流电所取的计时起点不同，正弦交流电的初始值就不同，到达幅值或某一特定值所需的时间也就不同。其波形如图4-2所示。

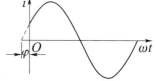

图4-2 正弦交流电的初相与初始值

（1）相位。在交流电的解析式(4-4)中，正弦符号后面相当于角度的量 $\varphi = (\omega t + \varphi_0)$ 称为交流电的相位，又称相位角。它是一个随时间变化的量，不仅决定交流电瞬值的大小和方向，还可以用来比较交流电的变化步调。

（2）初相。$t = 0$ 时的相位 φ_0 叫作初相，它反映交流电起始时刻的状态。初相不同，起始值就不同，到达最大值和某一特定值所需的时间就不同。图4-3所示为 φ_0 不同值时的正弦交流电波形图。

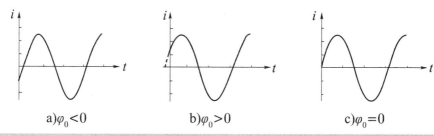

图4-3 初相不同的正弦交流电波形图

（3）相位差。两个同频率正弦交流电的相位之差，叫作它们的相位差，用 $\Delta\varphi$ 表示。相位差是描述同频率正弦量相互关系的重要特征量，它表征了两个同频率正弦交流电变化的步调，即在时间上超前或滞后到达正、负最大值或零值的关系。

因为任何一个正弦交流电的幅值、角频率和初相确定后，就可以写出它的解析式，计算出这个正弦交流电在任意时刻的瞬时值，所以最大值、角频率和初相被称为正弦交流电的三要素。

第二节 电 容

本节描述

电容器在电子设备中的使用非常普遍，例如生活中我们用到的手机、电脑、电视机、微波炉、充电器等电子设备中均含有电容器。学习电容器相关知识，对

于电气设备检修与维护有重要意义。本节将从电容器的概念、电容器的主要参数及标注、电容器的检测等几个方面对电容器的相关知识进行学习。

> **学习目标**
> 1. 知识目标
> (1) 能叙述电容的概念;
> (2) 了解电容器的主要参数及标注;
> (3) 了解电容器的主要应用。
> 2. 技能目标
> (1) 能识别电路中的电容器;
> (2) 能识读并检测电容器,并判断其好坏。

一、电容器的定义

电容器是储存电能量的一种容器。两个相互靠近的导体,中间夹一层不导电的绝缘介质,就构成了电容器。组成电容器的两个导体称为极板,中间的绝缘材料称为电介质。电容器在电路中用于滤波、耦合、旁路、调谐、能量转换、延时等。电容器是一种静态电荷存储介质,它储存的是电场能量。

不同电容器储存电荷能力不同用电容量(简称电容)表示。电容器的两极板间的电势差增加 1V 所需的电量,称为电容器的电容,其等于电容器储存的电荷量与两极板间电压的比值:

$$C = \frac{Q}{U} \tag{4-6}$$

式中:C——电容,F;
$\quad Q$——电量,C;
$\quad U$——电势差,V。

在国际制单位制中,电容的单位是法拉,简称法,符号是 F。常用的电容单位有毫法(mF)、微法(μF)、纳法(nF)和皮法(pF)等。

二、电容器的类型

电容器的种类很多,常见分类如下:
(1) 按结构分类,可分为固定电容器、可变电容器和微调电容器。
(2) 按电介质分类,可分为有机介质电容器、无机介质电容器、电解电容器、电热电容器和空气介质电容器等。

(3)按用途分类,可分为高频旁路电容器、低频旁路电容器、滤波电容器、调谐电容器、高频耦合电容器、低频耦合电容器和小型电容器。

(4)按制造材料分类,可分为瓷介电容、涤纶电容、电解电容和钽电容,还有先进的聚丙烯电容等。

图4-4为几种常见的电容器。图4-5为常见电容器在电路中的符号。

a)独石电容器 b)锂质电容器 c)陶瓷电容器 d)聚酯电容器 e)电解电容器

图4-4 常见电容器

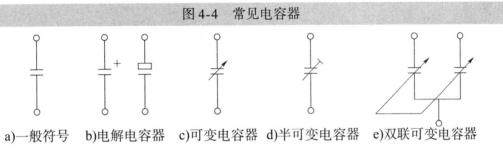

a)一般符号 b)电解电容器 c)可变电容器 d)半可变电容器 e)双联可变电容器

图4-5 常见电容器符号

三、电容器的充放电

1. 电容器的充放电实验

如图4-6a)所示,电路由电源E、电流表与电压表、电阻(R_1、R_2)与灯泡HL、双掷开关S及电容器C组成。当开关处于1位置时,构成了电容器充电电路[图4-6b)]。外部电源E与电容器C的两极连接,在电源作用下电荷由电源转移到电容器上,电容器极板间建立起电压,积蓄起电能,这个过程称为电容器的充电。从电流表上可以观察到,电流(充电电流)由大到小变化;而从电压表上可观察到,电压(电容器的电压)由小到大变化。经过一定时间,当电容器充电结束时,电流表指示值回到零,电压表的指示值几乎等于电源电压,电容器上建立等于电源的电压。灯泡HL一开始较亮,然后逐渐变暗。

此时,将开关S由"1"合向"2",则构成了电容器放电电路,如图4-6c)所示。电容器和电阻形成闭合回路,此时,存储有电荷的电容器C可等效于一个电源,其储存的电荷向电路进行放电。从电流表上观察到,电流由大到小变化(表明电路中有电流流过),最后下降为零。由电压表上可观察到,电容器的电压由大到小逐渐下降,经过一定时间后下降为零(表示放点结束)。随着电容器 C 电量变化,灯泡 HL 由亮变暗,最后熄灭。

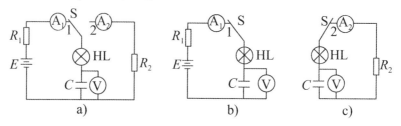

图4-6 电容器充放电

2. 电容器的工作特性

电容器接在直流电路中,只有在接换电路时,由于电容器充电或放电,电路中才有电流通过(电荷的移动)。当电容器充电或放电结束后,电路中不会再有电流通过。所以,电容器对直流电有"隔直"的工作特性。

电容器接在交流电路中,随着交流电的不断变化,电容器将不断反复充放电,从而在电路中形成不断变化的电流(电荷不停地来回移动)。所以,电容器对交流电有"容易通过"的工作特性。

电容器在电路中工作时,只是实现能量的转换,并不消耗能量。所以,电容器实质上是一种储能元件,它所存储的是电场能量。电容器存储能量的多少与电容器的电容 C 成正比,与电容器两极板间电压的平方成正比。

四、电容的主要参数

1. 标称容量和允许偏差

电容器上所标明的电容值称为标称容量。

电容器实际电容量与标称电容量在允许范围内的误差称为允许偏差,也就是电容器的准确度等级,分别用 B(±0.1%)、C(±0.25%)、D(±0.5%)、F(±1%)、G(±2%)、J(±5%)、K(±10%)、M(±20%)和 N(±30%)表示。

2. 额定电压

额定电压也称电容器的耐压值,是指电容器在规定的温度范围内,能够长期连续、稳定正常工作时所承受的最高电压。如果工作电压超过电容器的耐压,电容器将被击穿,造成损坏。在实际中,随着温度的升高,耐压值将变低。

3. 漏电流

电容器的介质对直流电流具有很大的阻碍作用,但介质材料不是绝对的绝缘体,在一定的工作温度及电压条件下,会有电流通过,此电流即为漏电流。通常漏电流会随着温度和电压的升高而增大。

4. 绝缘电阻

直流电压加在电容上,会产生漏电电流,两者之比称为绝缘电阻。像陶瓷电容器、薄膜电容器,绝缘电阻越大越好,而铝电解电容的绝缘电阻越小越好。

5. 损耗

电容在电场作用下,在单位时间内因发热所消耗的能量叫作损耗。各类电容都规定了其在某频率范围内的损耗允许值,损耗与频率范围、介质、电导、电容金属部分电阻等有关。

五、电容器的串联和并联

1. 电容元件的串联

如图 4-7 所示,当电容器 C_1、C_2 串联时,其等效电容值为 C。通过实验可知,该等效电容值 C 的倒数等于 C_1、C_2 电容倒数之和,即:

$$\frac{1}{C} = \frac{1}{C_1} + \frac{1}{C_2} \tag{4-7}$$

此外,电容器串联时,每个电容器分得的电压与其电容量成反比,即:

$$U_1 : U_2 = C_1 : C_2 \tag{4-8}$$

2. 电容元件的并联

如图 4-8 所示,当电容器 C_1、C_2 并联时,其等效电容值为 C。通过实验可知,每个电容器两端的电压相等,该等效电容值 C 等于 C_1、C_2 电容之和,总电荷等于各电容器上电荷量之和,即:

$$C = C_1 + C_2 \tag{4-9}$$

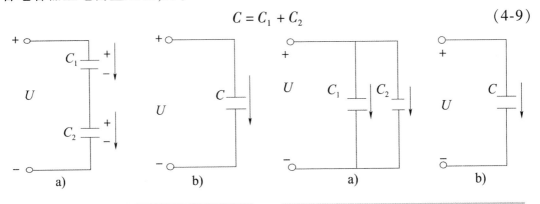

图 4-7 电容器的串联电路　　图 4-8 电容元件的并联电路

为了使各个电容元件都能够安全工作,工作电压不得超过它们中的最低耐压值。电容并联后,等效电容量增大。因此,当电路中单个电容元件的容量不够

时,可以通过并联来增加电容量。

【例4-1】 有两只相同的电解电容元件,外壳标有470μF/25V。求这两只电容器并联和串联时的等效电容及允许施加的电压。

解:

由外壳标注可知该电容元件的电容量为470μF,耐压值为25V。

(1)电容元件并联时的等效电容为:

$$C = C_1 + C_2 = 470 + 470 = 940(\mu F)$$

两只相同的电容元件并联,允许施加的电压不能超过其耐压值,即:

$$U \leq 25(V)$$

(2)电容元件串联时的等效电容为:

$$C = \frac{C_1 C_2}{C_1 + C_2} = \frac{470 \times 470}{470 + 470} = 235(\mu F)$$

可见,电容元件串联时的等效电容量比单个电容量小。

由于两个串联电容元件相同,它们的分压也相同,所以允许施加的电压为:

$$U \leq 25 + 25 = 50(V)$$

六、电容器在电路中的作用

由于电容器具有通交流、隔直流的特性,在电路里,需要将交流电输入下一级而又不让直流电通过时,可以用电容器进行输送。而在电子线路中,电容器用来通过交流电而阻隔直流电,也用来存储和释放电荷以充当滤波器,平滑输出脉动信号。小容量的电容器通常在高频电路中使用,如收音机、发射机和振荡器中。大容量的电容器往往是作滤波和存储电荷用。电容器在汽车上也有使用,如蓄电池,蓄电池在汽车不起动和发电机不发电时对外放电,而发电机发电后,发电机可对蓄电池进行充电。

七、电容的检测

测量电容器的电容量要用电容表,有的万用表也带有电容挡。在通常情况下,电容器用来滤波或隔直流,电路中对电容量的精确度要求不高,故很少要测量实际电容量,但是应掌握电容的检测方法,以判断其技术状况。

1.漏电阻的测试

对于0.1μF以上容量的电容,可使用指针式万用表进行检测。将万用表的电阻挡调到"R×1k"或"R×10k"挡,用表笔接触电容器的两端,表针先向0Ω方向摆动,当达到一个很小的电阻读数后便开始反向摆动,最后,慢慢停留在某一个大阻值读数上,则表明电容器性能良好(电容量越大,表针偏转的角度应当越大,指针返回的也应当越慢)。

如果指针不摆动,则说明电容内部已开路;如果指针摆向0Ω或靠近0Ω的数值,并且不向无穷大的方向回摆,则表明电容内部已击穿;如果指针指向0Ω后能慢慢返回,但不能回摆到接近无穷大的读数,则表明电容存在较严重的漏电情况,且回摆指示的电阻越小,漏电量就越大。

由于电解电容本身就存在漏电现象,所以表针不能完全指向无穷大,而是接近无穷大的读数,这是正常的。

2.电解电容器的极性检测

电解电容器的正、负极性不得接错。当极性接反时,可能引起电解电容器的爆裂。当无法辨认极性时,可根据正向连接时漏电阻大、反向连接时漏电阻相对小的特点判断极性。交换表笔前后两次测量漏电阻,阻值大的一次,黑表笔接触的是正极,因为黑表笔与万用表内电池正极相接(采用数字式万用表时,红表笔接电池正极)。

第三节 电 感

本节描述

电感器在电子设备中的使用非常普遍,例如生活中我们用到的手机、计算机、电视机、汽车前照灯延时、无线充电器等设备或系统中均会使用到电感器。学习电感器的相关知识,对于电气设备检修与维护有重要意义。本节将从电感器识别、电感器的电路特性、电感的检测等几个方面对电感器进行学习。

学习目标

1.知识目标

(1)能在电路中识别电感符号;

(2)理解电感器的电路特性;

(3)叙述电感器的主要应用。

2.技能目标

(1)能识别电路中的电感器;

(2)能叙述电感的检测方法。

一、电感器的定义和组成

当线圈通过电流后,线圈中便会形成磁场感应,感应磁场又会产生感应电流来抵制通过线圈中的电流。我们把这种电流与线圈的相互作用关系称其为电的感抗,也就是电感,利用此性质制成的元件称为电感器。

电感器(简称电感)是由漆包线、纱包线或塑皮线等在绝缘骨架或磁芯、铁芯上绕制成的一组串联的同轴线匝,如图4-9所示。电感器是一种可以存储磁场能的电路元件,电感器储存磁场能力用自感系数 L 来表示,其国际单位是单位是亨利(H),常用的单位还有毫亨(mH)、微亨(μH)。

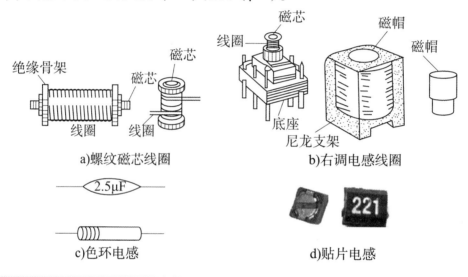

图 4-9 电感器的组成

电感器在电路中用字母"L"表示。图4-10所示是常用电感器电路图形符号。

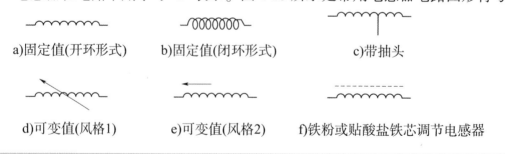

图 4-10 电感器的电路符号

自感系数 L 是电感器的固有特性,其大小由电感器本身的因素决定,即与电感线圈的匝数、几何尺寸、有无铁芯及铁芯的导磁性质等因数有关,而与电感线圈中有无电流及电流的大小无关。

二、电感器的作用

我们知道电生磁、磁生电,两者相辅相成,总是随同发生。当一根导线中有恒定电流流过时,总会在导线四周激起恒定的磁场。当我们把这根导线都弯曲成为螺旋线圈时,根据电磁感应原理就能断定,螺旋线圈中产生了磁场。假如将螺旋线圈放在某个电流回路中,当这个回路中的直流电变化时,电感中的磁场也应该会发生变化,变化的磁场会带来变化的"新电流",由电磁感应定律,这个"新电流"一定和原来的直流电方向相反,从而在短时刻内对于直流电的变化构成一定的抵抗力。

在实际电路中,电感器具有通直流、阻交流的作用。直流电流通过时,电感器相当于是一根无电阻的导线;交流电流通过时,电感器就对电流产生了阻碍作用。电感器的主要作用是对交流信号进行隔离、滤波,或与电容器、电阻器等组成振电路。

在汽车电路中,通常把导线绕成线圈的形状以增强线圈内部的磁场,发电机、起动机、点火模块、继电器、变压器中的线圈均可看作电感器的应用。电感器最广泛的应用是作为电磁继电器使用。

三、电感器的检测

使用万用表无法直接测量电感器的电感量和品质因数,只能定性判断电感线圈的好坏。因为大多数电感线圈的直流电阻不会超过1Ω,所以可用万用表测试。如图4-11所示,使用万用表"R×1Ω"挡测量电感线圈两端的电阻应小于1Ω,如果读数大于1Ω,则表明电感线圈已断路;如果指示不稳定,说明电感线圈内部接触不良。

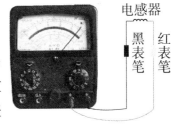

图4-11　电感测试

第四节　三相交流电路

三相交流电路在日常生活的应用也是非常普遍,如家庭用电供电线路、发电机线路等都属于三相交流电路。学习三相交流电路相关知识,对于三相交流电路检修与维护有重要意义。本节将从三相交流电的特点、三相交流电源的连接

等几个方面对三相交流电路进行学习。

> **学习目标**
> 1. 知识目标
> (1) 能叙述三相交流电的优点;
> (2) 能判断三相交流电源的星形和三角形连接;
> (3) 能书写三相交流电的瞬时解析表达式。
> 2. 技能目标
> (1) 能判断三相交流电源的星形和三角形连接;
> (2) 能画出三相交流电动势波形图。

一、三相交流电源

当前,世界各国电力系统普遍采用三相制供电方式,组成三相交流电路。日常生活中的单相用电是取自三相交流电中的一相。三相交流电之所以被广泛应用,是因为它具有以下优点:

(1) 三相输电较经济。实践证明,在相同的距离内以同样的电压输送相同的功率,相同线路损耗下三相输电比单相输电节省输电金属线用量25%。

(2) 三相交流发电机与同功率的单相交流发电机相比,体积小,原料省。

(3) 三相交流电动机具有结构简单、维修方便、运行性能好、价格低廉等优点。三相交流电能产生旋转磁场,有利于异步电动机的应用。

此外,三相交流电不排除对单相负载的供电。中国民用供电使用三相交流电作为楼层或小区进线,其相电压为220V,线电压为380V(近似值),而进户线为单相线,对地或对中性线电压均为220V。工业用电都是三相交流电,汽车发电机产生的也是三相交流电。

三相交流电动势、三相交流电压和三相交流电流总称为三相交流电,能供给三相交流电的设备称为三相交流电源。我们讨论研究的三相电源往往是对称三相交流电源。现在的电力系统中,几乎全部采用对称三相交流电供电。

对称三相电源能产生3个频率相同、幅值相等,彼此相位差120°的一组交流电动势,其瞬时表达解析式可表示如下:

$$\begin{cases} e_U = E_m \sin(\omega t) \\ e_V = E_m \sin(\omega t - 2\pi/3) \\ e_W = E_m \sin(\omega t + 2\pi/3) \end{cases} \quad (4\text{-}10)$$

它们到达最大值的先后顺序(即相序)是 U—V—W—U,通常称为顺序(或正序),如图 4-12 所示。若最大值出现的顺序为 U—W—V—U,则称为逆序(或负序)。习惯上用黄、绿、红 3 种颜色分别表示 U、V、W 三相。

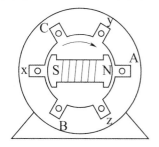 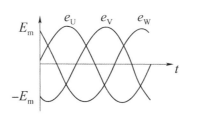 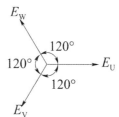

a)三相交流发电机截面图　　b)三相交流电动势的波形图　c)三相交流电动势的向量图

图 4-12　三相交流发电机及三相交流电动势

二、三相交流发电机

1. 三相交流发电机

三相正弦交流电一般由三相交流发电机产生,其发电机原理如图 4-13a)所示。发电机主要由定子和转子两部分构成。定子包括定子铁芯、电枢绕组等部分。定子铁芯固定在机座里,其内圆表面冲有均匀分布的槽。定子槽内对称镶嵌着参数相同的三组绕组,每组 N 匝[图 4-13b)中以 1 匝示意]称为一相,因此,定子有三相对称绕组,每相的始末端分别用 U_1、U_2、V_1、V_2、W_1、W_2 标示。图 4-13c)所示为每相绕组电路模型。各相绕组的始端 U_1、V_1、W_1(末端 U_2、V_2、W_2)彼此间隔 120°。这样三相绕组的法线方向也互成 120°(线圈绕组的法线与输出电流正方向成右手螺旋关系)。发电机转子铁芯上绕有励磁线圈或永磁铁,可产生磁场,这就形成一个可转动的磁极 S—N,其磁通经定子铁芯闭合。转子由发动机驱动,按顺时针方向以角速度 ω 匀速旋转,可产生相位相差 120°的交流电动势。

三相发电机的 3 个绕组向外供电时,要将三相绕组做一定连接后再向负载供电。三相电源绕组的连接方式有星形连接和三角形连接两种。

2. 三相交流发电机的星形连接

星形连接是将三相发电机 3 个绕组的末端 U_2、W_2、V_2 连接在一起,这一点叫作中性点或零点,用"N"表示。从中性点引出的连接线习惯上叫作中性线或零线(由于中性线通常与大地相连,所以中性线又叫地线)。三相绕组的 3 个始端 U_1、W_1、V_1 分别向外引出一根连接线,称为相线(俗称火线),这种由三根相线和一根中性线所组成的供电方式称为三相四线制,如图 4-14 所示。

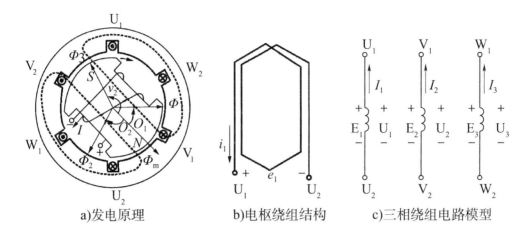

a) 发电原理　　　　b) 电枢绕组结构　　　c) 三相绕组电路模型

图 4-13　三相交流发电机原理

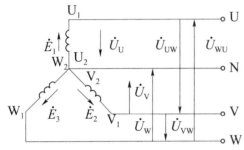

图 4-14　三相交流发电机的星形连接

三相四线制可以输出两种电压,即相电压和线电压。任意一根相线和中性线间的电压叫作相电压,用 U_U、U_V、U_W 或用 U_P 表示,方向从相线指向中性线,它们的有效值相等。由于发电机三相绕组上的电压降一般较小,所以各相电压可以看作与该相绕组的电动势相等。任意两根相线之间的电压叫作线电压,用 U_{UV}、U_{VW}、U_{WU} 或用 U_L 表示,它们的有效值相等。

线电压和相电压之间的关系为:

$$\begin{cases} U_{UV} = \sqrt{3}\,U_U \\ U_{VW} = \sqrt{3}\,U_V \\ U_{WU} = \sqrt{3}\,U_W \\ U_L = \sqrt{3}\,U_P \end{cases} \quad (4\text{-}11)$$

星形连接的三相对称电源,所得的线电压也是对称的,线电压在数值上是相电压的 $\sqrt{3}$ 倍。线电压的相位比其所对应的相电压超前 $30°\left(或\dfrac{\pi}{6}\text{rad}\right)$。

目前我国的低压配电系统中,大多采用三相四线制的星形连接。线电压有效值为 380V,相电压有效值为 220V。我国低压配电系统可以提供两种电压供负载选用。

3. 三相交流发电机的三角形连接

三角形连接是将三相发电机 3 个绕组首尾相连,即 1 个绕组的末端与相邻的另一绕组的始端依次连接,构成 1 个三角形的闭合回路。闭合回路形成后,再从 3 个连接点连出 3 根导线向外供电,这种供电方式称为三相三线制,如图 4-15 所示。

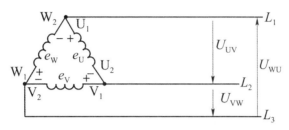

图 4-15　三相交流发电机的三角形连接

由于三相发电机的 3 个绕组用三角形连接时,任意两根端线都是从发电机的某一相绕组的始末两端引出的,因此,线电压等于相电压,即:

$$U_L = U_P \tag{4-12}$$

三相电源按三角形连接时,三相绕组构成一个闭合回路。如果三个绕组是对称,则三相电动势对称,$U_U + U_V + U_W = 0$,所以三角形闭合回路的总电压为零,这闭合回路中无电流通过。如果三相电动势不对称,在三相绕组的回路中会产生很大的环流,直至烧毁发电机。实际上,由于三相发电机产生的每一相电动势只是一个近似的正弦电动势,故三相电动势的向量和并不等于零,在绕组闭合电路中或多或少出现环流,所以发电机的三相绕组很少使用三角形连接形式。

三、三相负载

接在三相电源上的用电器,统称为三相负载。三相电路中的负载按其对电源的要求可分为单相负载和三相负载。单相负载是指只需单相电源供电的设备,即接在三相电源中任一相上工作,如电灯、单相电炉、电烙铁、电冰箱等[所以民用电入户只有一根相线(火线)]。三相负载是指需要三相电源供电的设备,即接上三相电压才能正常工作,如三相交流电动机、三相工业电炉等。

在三相负载中,如果每相负载的电阻、电抗相等,即阻抗相等,则这种负载称为三相对称负载。要使负载正常工作,必须满足负载实际承受的电压等于其额定电压。因此,三相负载也有星形连接和三角形连接两种连接方式,以满足它对电压的要求。

实训项目　电容器的测量与充放电实验

实训描述

使用万用表对电容器进行测量,判定其技术状况良好后,按照给定的电路图连接电容器充放电电路,并利用电路完成电容器充放电特性实验。

实训要求

完成实训项目应做到:

(1)用万用表完成电容器的测量操作;
(2)完成电容器充放电实验;
(3)安全、规范地进行作业;
(4)规范地做好工作现场的5S管理工作。

一、实训器材

万用表、电容器、连接导线、电流表、电压表、电阻、单刀双掷开关、蓄电池、电灯泡、常用电工工具。

二、实训步骤

1. 电容器的检测

电容器的检测实训步骤见表4-1。

(1)非电解电容器的检测。

对于电容在10pF以下的小电容器,用万用表只能定性地检查其是否有漏电、内部短路或击穿现象。检测时,可选用万用表"R10K"挡,用红、黑表笔分别接电容的两个引脚,阻值应为无穷大。若测出阻值为零,则说明电容漏电损坏或内部击穿。

对于电容在10pF～0.01μF的电容器,选用万用表"R10K"挡,用红、黑表笔反复调换接触被测电容两个引脚,观察有无充放电现象,从而判断电容器的好坏。

对于电容在0.01μF以上的电容器,用万用表的"R10K"挡直接测试。

(2)电解电容器的检测。

电解电容器的容量一般较大,测量时应针对不同容量选用合适的量程。

第四章 交流电路

电容器的检测实训步骤表　　　　　　　　　　　　表 4-1

步骤	图　示	操作指引
1		大容量电解电容器的测量:使用万用表电阻挡测量电容,由于电容器容量大,充电过程很长,所以测量阻值变化时间_____。短接电容器重新测量,结果_____,此现象说明_____
2	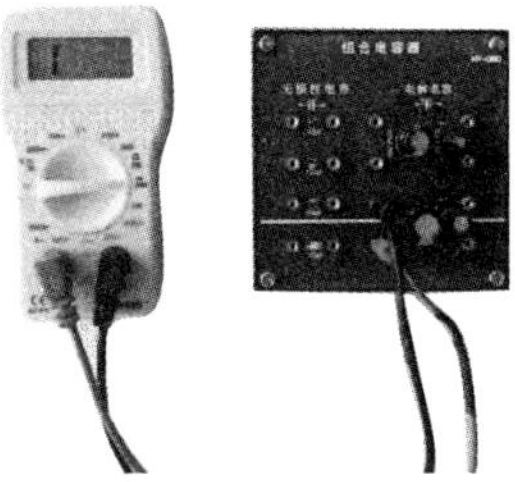	电解电容器的测量:使用万用表电阻挡测量,小电解电容器由于容量比较小,充电过程比较短,所以测量阻值变化时间_____。短接电容器重新测量,结果_____,此现象说明_____
3	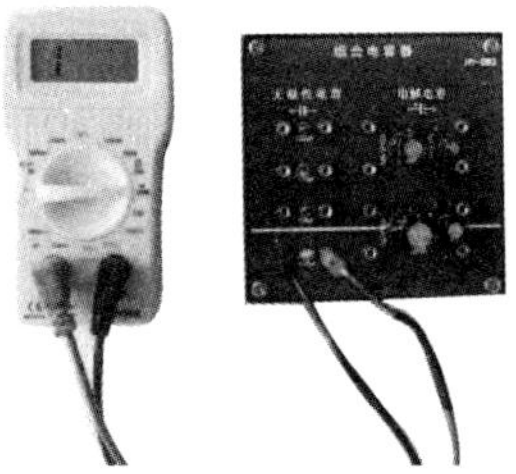	无极性电容器的测量:使用万用表电阻挡测量电容,无极性电容器由于容量很小,充电过程很短,所以测量阻值变化时间_____。短接电容器重新测量,结果_____,此现象说明_____

2. 电容器充放电特性实验

电容器充放电特性实训步骤见表 4-2。

电容器充放电特性实训步骤表　　　　　　　　　　表 4-2

步骤	图　示	操作指引
1	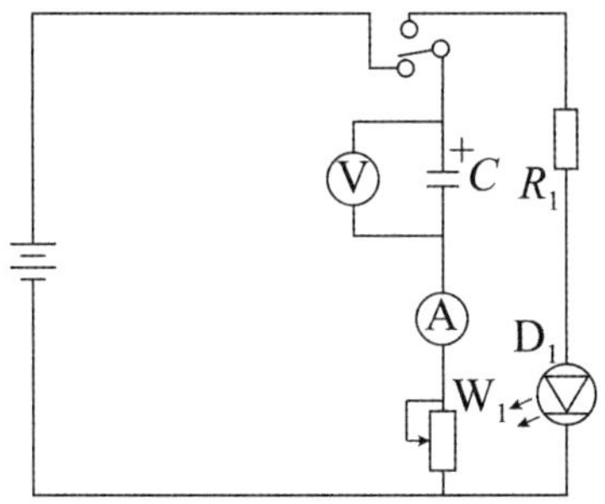	识读电路原理图,当开关拨向下端时电容器 C 处于充电状态,调节电位器 W_1 可以改变充电电流;当开关拨向上端时电容器 C 处于放电状态,电流流经 LED 灯 D_1

续上表

步骤	图示	操作指引
2		按照电路图,连接电容器充放电电路。用连接导线按照积木连接示意图连接成完整电路,注意连接前先关闭电源开关
3	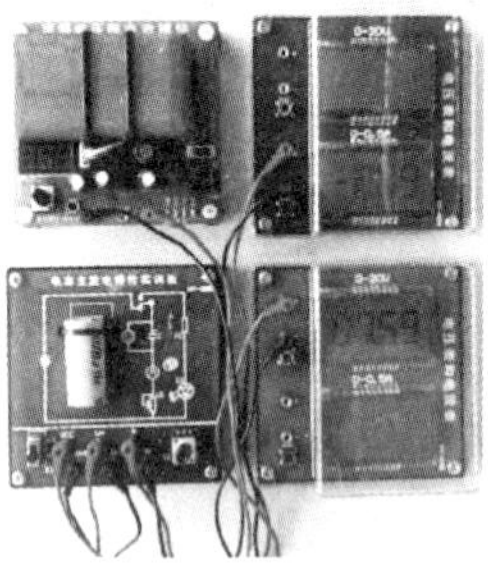	检查无误后接通电源,先把开关拨向下端,此时电容器处于_____状态,电容器两端电压的变化为_____,电流表的变化为_____。 调节电位器,观察测量仪表的变化情况,此现象说明电容器充电过程是把电荷转移到电容器充电快慢与充电电流有关,且电容器两端的电压不能突变
4		把开关拨向上端,此时电容器处于状态,LED灯的亮度变化_____状态,电压表的变化_____;电流表的变化_____。此现象说明电容器放电过程是原先电容器存储的电荷转移到外部,被负载所消耗,消耗的速度与负载的功率有关。 思考如果把开关往复往左右拨,会出现什么现象?

三、实训评价表

实训评价表见表4-3。

实训评价表

表4-3

姓名：		考核时间：		得分：

考核内容：
(1)正确使用万用表测量电容器；
(2)利用电容器充放电电路实验数据进行简单分析,叙述电容器充放电特性

评价内容	项目	标准	考核记录
准备工作	检查工作场地、设备、工具和维修资料	3	
	认真阅读实训指导手册	2	
专业技能	首次使用万用表前进行校准	5	
	大容量电解电容器的测量	5	
	电解电容器的测量	5	
	无极性电容器的测量	5	
	电容测量的数据记录与分析	5	
	识读电路原理图	5	
	电容器充放电电路的连接	5	
	电容器充电实验操作	10	
	电容器放电实验操作	10	
	电容器充放电数据记录与分析	10	
安全和整理	身体无受伤、设备未损坏	5	
	工位复位清洁	5	
小组合作	准确清晰填写工单	5	
	学习态度积极主动,能够与小组同学分工协作	5	
	服从实训管理	5	
时间	按时完成作业任务(10min)	5	

 自我检测

一、单项选择题

1. 正弦交流电的三要素分别是频率、幅值和(　　)。
   A. 有效值　　　　　　　　　B. 周期
   C. 角频率　　　　　　　　　D. 初相位

2. 下列哪个是电感的单位?(　　)
   A. Hz　　　　B. rad/s　　　　C. μF　　　　D. H

3.大多数电感线圈的直流电阻不会超过(　　)。
　　A.1Ω　　　　　B.100Ω　　　　　C.1000Ω　　　　　D.1MΩ
4.在实际中,随着温度的升高,电容器的耐压值将(　　)。
　　A.不变　　　　B.升高　　　　　C.降低　　　　　　D.不一定
5.下列哪项不属于单项负载?(　　)
　　A.电灯　　　　B.交流发电机　　C.电冰箱　　　　　D.电烙铁

二、判断题

1.在电路中,电容器具有通直流、隔交流的特性。　　　　　　　　　(　　)
2.正弦交流电的频率是指交流电在1min内完成周期性变化的次数,用符号 f 表示,单位是赫兹(Hz),简称赫。　　　　　　　　　　　　　　　　　(　　)

三、多项选择题

1.电容器按照结构可分为(　　)。
　　A.固定电容器　　B.可变电容器　　C.微调电容器　　D.滤波电容器
2.电容器按照用途可分为(　　)。
　　A.高频旁路电容器　　　　　　　B.低频旁路电容器
　　C.调谐电容器　　　　　　　　　D.小型电容器
3.三相四线制可以输出两种电压,即(　　)。
　　A.相电压　　　B.线电压　　　　C.高电压　　　　　D.低电压
4.电容器在电路中可用于(　　)。
　　A.滤波　　　　B.耦合　　　　　C.能量转换　　　　D.延时
5.下列哪些可看作电感器的应用?(　　)
　　A.继电器线圈　　　　　　　　　B.点火线圈
　　C.发电机中的线圈　　　　　　　D.起动机中的线圈

第五章　磁路和变压器

第一节　磁场和磁路

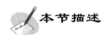本节描述

人们发现电流的磁效应和磁场对电流的作用,从而认识到电和磁之间的内在联系。随着科学技术的发展,电磁学理论日趋完善,电磁技术在各个领域也得到了广泛的应用。本节从最简单的磁现象入手,介绍磁现象的性质、电现象和磁现象之间的关系,以及磁场基本物理量和发电机工作原理等。

> **学习目标**
> 1. 知识目标
> (1) 理解并叙述磁场的基本物理量;
> (2) 能叙述电磁感应现象;
> (3) 能运用安培定则判定磁场方向;
> (4) 叙述交流发电机原理。
> 2. 技能目标
> (1) 能运用安培定则判定通电导体产生磁场方向;
> (2) 能运用右手定则判定感应电流方向;
> (3) 能运用左手定则判定通电导线在磁场中受力方向。

一、磁场和磁感应线

物体能吸引铁、钴、镍等金属或它们合金的性质叫作磁性。具有磁性的物体叫磁体。磁体除了天然的磁铁(Fe_2O_3)外,还有人造的永久磁体和暂时磁铁(如电磁铁)等。常见的磁体外形有条形和马蹄形。磁体上磁性最强的部分叫磁极。任何磁体都有两个磁极,无论怎样把磁体分割,磁体总保持两个磁极。

如果用一根细绳把条形磁体悬挂起来,使它能自由转动,静止时它的一端总是指向地球的北极方向,另一端指向地球的南极方向。指向北极方向的磁极称为N极或北极(常涂成绿色或白色),指向南极方向的磁极称为S极或南极(常涂成红色)。

1. 磁场

磁体的同名磁极相互排斥,异名磁极相互吸引。两块磁体间的相互作用力称为磁力。将另一磁体或通电导体放入某一磁体的周围空间,就会受到磁力的作用。如整个地球可看成一块磁体,小磁针即使离它很远也将受到磁力的作用。通常将这个作用的空间称为磁场。磁场是具有力和能性质的一种物质,但它又和其他物质不一样,它没有构成物质的分子、原子,也看不见、摸不着,所以它是磁体周围空间存在的一种特殊物质。

2. 磁感应线

磁场的性质可以通过磁场的方向和强弱表示出来。一般而言,磁场各处的强弱和方向是不同的。为了形象地表示磁场在空间各点的强弱和方向,人们想象出了磁感应线。磁感应线就是这样一条条从磁体北极出来沿磁体周围空间到磁体南极,然后再通过磁体内部回到北极的闭合曲线。条形磁体和马蹄形磁体周围的磁感应线如图5-1所示。

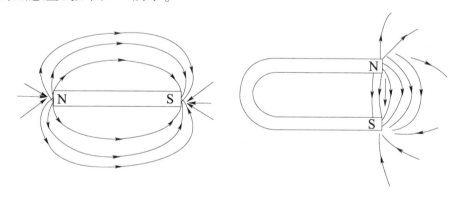

图5-1 磁体的磁感应线

磁感应线的疏密程度表示该处的磁场强弱,磁感应线越密的地方磁场越强;磁感应线上每一点的切线方向表示该点的磁场方向(即小磁针在该点静止时N极的指向)。因为每一点的磁场方向只有一个,即磁感应线的切线方向只有一个,所以磁感应线不会相交。

3. 安培定则

有电流通过的导体周围空间存在着磁场(俗称"动电生磁"),磁场方向和电流方向之间的关系可以用安培定则(也叫作右手螺旋定则)判断。

(1)安培定则的原理。

如图5-2所示,让一根直导体通入电流,导体的周围就产生了磁场,其磁感应线是以直导体上各点为圆心的一组组同心圆。磁感应线的环绕方向可用安培定则来判定:用右手握住导线,让伸直的大拇指所指方向与电流方向一致,则弯曲四指所指方向为磁感应线的环绕方向。

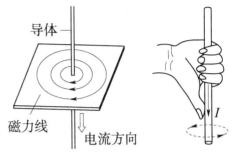

图5-2 通电直导体产生的磁场

实验证明:通电直导体周围各点磁场的强弱与导体中的电流大小成正比,和以该点与导体的垂直距离成反比。

(2)通电线圈的磁场。

螺线管线圈可看作是由 N 匝环形电流串联而成的。通电螺线管产生的磁感应线形状与平行于通电螺线管放置的条形磁铁相似。通电螺线管的电流方向与它的磁感应线方向之间的关系,可用安培定则来判定:用右手握住螺线管,让弯曲四指所指方向与电流的方向一致,则大拇指所指方向即为螺线管内部的磁感应线方向(即条形磁铁 N 极的指向)。在螺线管的外部,磁感应线从 N 极出来进入 S 极;在通电螺线管的内部,磁感应线与螺线管轴线平行,方向由 S 极指向 N 极,并与外部的磁感应线构成闭合曲线,如图5-3所示。

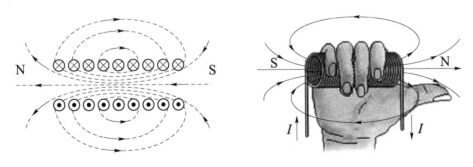

图5-3 通电螺线管产生的磁场

实验证明:通电螺线管产生的磁场的强弱与线圈匝数和电流的乘积成正比。

由电流产生磁场的现象称为电流的磁效应。电流磁场的磁感应线方向与电流方向的关系,都可用安培定则来判定。

二、磁场的基本物理量

1. 磁感应强度

磁感应强度是定量描述磁场中各点磁场强弱和方向的物理量,用符号 B 表示。定义式为:

$$B = \frac{F}{IL} \tag{5-1}$$

式中:F——垂直于磁场方向放置的通电导体受到的作用力,N;

I——导体中的电流,A;

L——导体在磁场中的有效长度,m;

B——磁感应强度,T。

磁感应强度的方向就是该点的磁场方向,即该点磁感应线的切线方向。

2. 磁通量

磁感应强度 B(如果不是均匀磁场,则取 B 的平均值)与垂直于磁场方向的面积 S 的乘积,称为穿过该面积的磁通量(简称磁通),用 Φ 表示。其大小可以用通过该面积的磁感应线条数的多少形象地反映。

在均匀磁场中,若 B 和 S 的夹角为 α,则磁通量的计算式为:

$$\Phi = BS\sin\alpha \tag{5-2}$$

式中:Φ——磁通量,wb;

B——磁感应强度,T;

S——面积,m^2。

3. 磁导率

通电线圈产生磁场,磁场的强弱与线圈的匝数和电流的大小有关。实验中发现,当保持线圈匝数和电流不变时,分别在线圈中放入铁棒、铜棒和硅钢片时,线圈产生的磁场强弱是不同的。由此可见,磁场的强弱还与磁场中媒介质的性质有关。

磁导率(绝对磁导率)是表征媒介质导磁能力大小的物理量,用符号 μ 来表示,其单位是亨/米(H/m)。真空中的磁导率 $\mu_0 = 4\pi \times 10^{-7}$ H/m。磁导率大的媒介质导磁能力强,磁导率小的媒介质导磁能力弱。在实际应用中,人们一般不直接给出媒介质的磁导率,而是给出其与真空磁导率的比值,该比值称为相对磁导率,用符号 μ_r 表示。相对磁导率 μ_r 是没有单位的,它表明在其他条件相同的情况下,媒介质中的磁感应强度是真空中磁感应强度的倍数。

一般根据相对磁导率的大小,将物质分为3类:顺磁物质,μ_r略大于1,如空气、锡、铝等;反磁物质,μ_r略小于1,如铜、银等;铁磁物质,μ_r远大于1,如铁、镍、钴。

铁磁物质由于磁导率很大,在产生相同磁场时,可以大大减少线圈的匝数和流过线圈的电流,从而减小电磁铁的体积和质量,所以铁磁物质应用广泛。

4. 磁场强度

磁场中某点的磁感应强度与媒介质磁导率的比值,称为该点的磁场强度,用H表示,即:

$$H = \frac{B}{\mu} \tag{5-3}$$

磁场强度是一个矢量,其方向与该点的磁感应强度方向相同,其国际单位为安/米(A/m)。

三、电磁感应

1. 电磁感应现象

实验证明:闭合回路中部分导体切割磁感应线时,电路中就有电流产生;穿过闭合回路的磁通量发生变化,闭合回路中就有电流产生,电流方向与穿过闭合回路的磁通量的变化情况有关。

这种由于穿过闭合回路的磁通量发生变化而产生电流的现象,叫作电磁感应现象。由于电磁感应现象而产生的电动势叫作感应电动势,产生的电流叫作感应电流。

2. 感应电流的方向

闭合回路的部分导体做切割磁感应线运动时,产生的感应电流方向可用右手定则来判定:伸出右手,使大拇指和其余四指垂直,并与手掌在同一平面内,让磁感应线垂直穿过掌心,以大拇指指向导体的运动方向,则四指所指的方向即为感应电流的方向,如图5-4所示。

需要指出的是:判断感应电动势的方向时,可把导体看成一个电源,在导体内部,电动势的方向由负极指向正极,感应电流与感应电动势的方向相同。

3. 感应电动势的大小

(1)通电直导体切割磁感应线产生的感应电动势的大小。

在均匀磁场中,做切割磁感应线运动的直导体,其感应电动势的大小与磁感应强度B、导体的长度L、导体的运动速度v以及导体运动方向与磁感应线之间的

夹角 α 的正弦值成正比,即:

$$e = BLv\sin\alpha \tag{5-4}$$

式中:e——感应电动势,V。

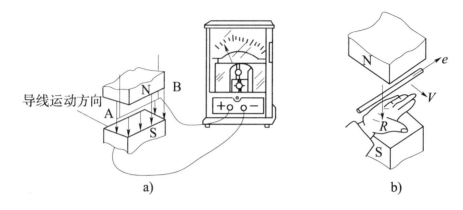

图 5-4 右手定则

(2)线圈中感应电动势的大小。

根据法拉第电磁感应定律:线圈中感应电动势的大小与线圈中磁通量的变化快慢(即变化率)及线圈的匝数的乘积成正比,即:

$$e = \left| -N\frac{\Delta\varphi}{\Delta t} \right| = \left| -\frac{\Delta\Phi}{\Delta t} \right| \tag{5-5}$$

式中:e——感应电动势的平均值,负号表示感应电流所产生的磁通总是阻碍原来磁通的变化;

N——线圈匝数;

$\Delta\varphi$——1 匝线圈的磁通变化量;

$\Delta\Phi$——N 匝线圈的磁通变化量;

Δt——磁通变化所需要的时间,s。

4. 交流发电机的原理

工农业生产和日常生活中使用的正弦交流电是交流发电机产生的。单相交流发电机示意图如图 5-5 所示,它由固定在机壳上的一对磁极和可以绕轴自由转动的圆柱形电枢组成。磁极的作用是使气隙中的磁感应强度沿电枢周围按正弦规律分布,且磁感应线垂直于电枢表面。电枢的作用是当电枢转动时,嵌在电枢中的线圈做切割磁感应线运动而产生感应电动势。线圈的两端分别与装在电枢转轴上的两个彼此绝缘的滑环连接,滑环再经过电刷与外电路相连。

如图 5-5 所示,当电枢以角速度 ω 旋转时,电枢线圈的两条边将不断地切割

磁感应线而产生感应电动势,其大小为:

$$e = Blv = B_{m}lv\sin\alpha \tag{5-6}$$

式中:l——导线长度。

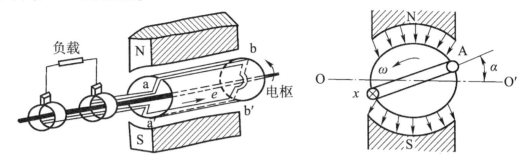

图 5-5　交流发电机的原理图

若线圈的起始位置与中性面的夹角为 φ,则经过时间 t 后,它们之间的夹角为 $\alpha = \omega t + \varphi_e$,此时产生的交流电动势为:

$$e = E_{m}\sin(\omega t + \varphi_{e}) \tag{5-7}$$

式中:E_m——磁动势,A;

ω——角速度,rad/s。

四、磁场对电流的作用

1. 磁场对通电导体力的作用

电流能产生磁场,磁场在一定的条件下也可以产生电流。将一个通电导体放在磁场中时,通电导体也会在自己的周围产生磁场。由于磁场间的相互作用,通电导体必定受到力的作用。通电导体在磁场中受到的力称为安培力,又称电磁力。

在均匀的磁场中,通电直导体所受安培力 F 的大小与磁场的磁感应强度 B、直导体中的电流 I、直导体在磁场中的有效长度 L 及直导体与磁感应线之间的夹角 α 的正弦成正比。

通电直导体在磁场中的受力方向可用左手定则来判定:平伸左手,使大拇指与四指垂直,让磁力线垂直穿过掌心,四指指向电流的方向,大拇指所指的方向即为安培力的方向,如图 5-6 所示。

汽车上用的直流电动机就是利用通电的电枢绕组在磁场中受到安培力的作用产生电磁转矩而转动的。三相异步电动机则是利用有感应电流通过的转子导体受到旋转磁场的作用力而旋转的。

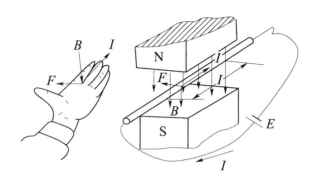

图 5-6 通电直导体在磁场中受力方向判定

2. 霍尔效应

如图 5-7 所示,把一块厚度为 d 的半导体薄片放在磁场中。如果在薄片的纵向上通入一定的控制电流 I,那么在薄片的横向两端就会出现一定的电势差 U_H。这个现象就叫霍尔效应,这个电势差叫作霍尔电压。实验证明,霍尔电压与控制电流 I 和磁感应强度 B 成正比。

霍尔效应

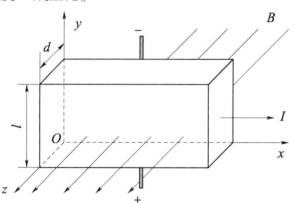

图 5-7 霍尔效应

如果撤去磁场或控制电流,霍尔电压也随之消失。霍尔电压的极性,可以用带电粒子在磁场中运动时受到电磁力的作用判定:把左手伸开,让磁感应线穿过掌心,四指指向控制电流的方向,则大拇指所指方向即是霍尔电压 U_H 的"+"端。

3. 电磁铁

电磁铁由磁化线圈、铁芯和衔铁 3 个主要部分组成,如图 5-8 所示。当电磁铁的磁化线圈通入电流以后,电流所产生的磁通经过铁芯和衔铁形成闭合回路,使铁芯和衔铁磁化。因为磁感应线是从北极出来,从南极进去的,故铁芯和衔铁被磁化后磁性相反。根据异名磁极相互吸引的原则,可动衔铁就受到电磁吸力的作用而被吸向铁芯。有的电磁铁没有衔铁,那么靠近它的其他铁磁物质(如被搬运的钢铁件)就相当于衔铁,磁通通过被吸物体构成闭合磁路。

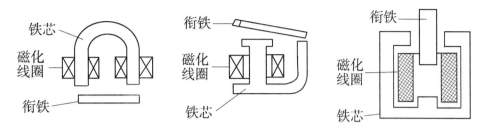

图 5-8　电磁铁

4.继电器

继电器是一种电磁控制器件,它具有控制系统(又称输入回路)和被控制系统(又称输出回路)之间的互动关系,通常应用于自动化的控制电路中。它实际上是用小电流去控制大电流运作的一种"自动开关",故在电路中起着自动调节、安全保护、转换电路等作用。简单地说,继电器就是一种电磁开关,它根据信号(如电压、电流、时间、转速、温度、压力等)的变化,接通或断开控制电路。

电磁继电器一般由铁芯、磁化线圈、衔铁等组成,如图5-9所示。

只要在线圈两端加上一定的电压,线圈中就会流过一定的电流,从而产生电磁效应,使衔铁在电磁力吸引的作用下克服返回弹簧的拉力吸向铁芯,从而带动衔铁的动触点与静触点(常开触点)吸合。当线圈断电后,电磁的吸力也随之消失,衔铁就会在弹簧的反作用力作用下返回原来的位置,使动触点与原来的静触点(常闭触点)释放。如此反复吸合、释放,达到在电路中导通、切断的目的。

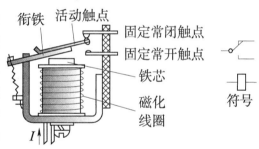

图 5-9　电磁继电器结构示意图

第二节　变　压　器

 本节描述

汽油发动机做功是通过控制点火线圈,将蓄电池的12V低压变成高压电接入火花塞跳火点燃可燃混合气来实现的。点火线圈实际上就是一个升压变压器。新能源汽车的电压变换同样需要变压器完成。本节从自感现象、互感现象入手,介绍变压器的工作原理及其应用。

学习目标

1. 知识目标

(1) 能叙述自感、互感现象；

(2) 能叙述变压器的作用及工作原理。

2. 技能目标

能完成电磁继电器的检测操作。

一、自感现象

如图 5-10a) 所示的实验电路，HL_1、HL_2 是两个完全相同的灯泡，L 为铁芯线圈，RP_1、RP_2 为滑动变阻器。当合上开关时，HL_2 灯立即正常发光，而 HL_1 灯却逐渐变亮。这是因为合上开关电流流入线圈时，该电流要产生一个磁场，线圈中通过的磁通量也随之增大，这个增大的磁通量会在线圈中产生感应电动势，感应电动势产生的磁场会阻碍原磁通量的变化。根据安培定则可知，感应电流的方向与原流进线圈的电流的方向相反。因此，流进线圈的电流不能很快增大，故 HL_1 灯只能慢慢变亮。

如图 5-10b) 所示，当合上开关，灯泡正常发光后，线圈中也有电流通过，其方向从左到右。若突然把开关断开，灯泡会突然闪亮一下再熄灭。这是由于断开开关后因电源被切断，线圈中的电流和磁通也就突然变小，于是线圈中产生一个感应电动势阻碍原磁通的减小。由楞次定律可知，感应电流的方向和原电流的方向相同。由于感应电动势一般都较大，则流过灯泡的感应电流就较大，从而使灯泡突然明亮地闪烁。

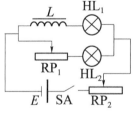
a) 通电时的自感现象

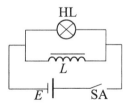
b) 断电时的自感现象

自感/互感

图 5-10 自感现象

这种由于流过线圈本身的电流发生变化而引起的电磁感应现象叫作自感现象，简称自感。自感现象中产生的感应电动势称为自感电动势，用 e_L 表示。自感电动势的大小和线圈电流的变化率成正比，即：

$$e_L = -L\frac{\Delta I}{\Delta t} \tag{5-8}$$

式中：L——电感，其大小与线圈的匝数、几何形状以及线圈中的介质材料有关；

$\frac{\Delta I}{\Delta t}$——电流的变化率，负号表示自感电动势总是阻碍原电流的变化。

自感电动势的方向仍然用楞次定律判断。

日光灯镇流器的铁芯线圈，在日光灯接通瞬间利用其产生的自感电动势与电源电动势叠加来点燃灯管。当日光灯点燃后，又用其分压作用来限制灯管的电流。在某些场合中，自感现象被人们积极应用，但有时也会给电气设备工作带来危害。含有大电感元件的电路在被切断的瞬间，由于电感两端产生的自感电动势很大，会在开关触点之间产生电弧，容易烧坏开关的触点引起火灾，所以，这类开关通常装有灭火机构。汽车的点火线圈由于通过的电流突然减小，会产生 200～300V 的自感电动势，方向与蓄电池电动势的方向相同，这两个电压相加会使触点之间产生火花，将触点烧坏。所以，为了保护触点，通常在触点两端并联一个电容器，用来吸收储藏在线圈中的磁场能，从而达到保护触点的目的。

二、互感现象

1. 互感现象的定义

如图 5-11 所示，电流 i_1 产生的变化磁通 Φ_1 沿磁路穿过线圈 N_2，线圈 N_2 中就会产生感应电动势 e_{M2}，如果 N_2 带上负载，就会有感应电流 i_2。这种由于一个线圈中的电流变化而使另一个线圈产生感应电动势的现象，称为互感现象，产生的感应电动势和感应电流分别叫作互感电动势、互感电流。

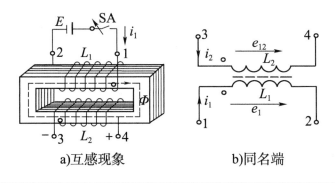

a) 互感现象　　b) 同名端

图 5-11　互感现象

实验证明，互感电动势的大小与互感系数的大小成正比，与另一个线圈的电

流变化率成正比,即:

$$e_{M2} = -M\frac{\Delta i_1}{\Delta t} \tag{5-9}$$

同理,若线圈 N_2 中的电流变化,线圈 N_1 中也会产生感应电动势 e_{M1}:

$$e_{M1} = M\frac{\Delta i_2}{\Delta t} \tag{5-10}$$

式(5-9)和式(5-10)中的 M 被称为互感系数,它反映了两个线圈耦合的紧密程度,与两个线圈的自感系数等因数有关。互感电动势的方向可依据楞次定律判定。

汽车电器中的点火线圈就应用了互感原理,当初级绕组中电流迅速通、断时,其周围的磁场便会发生相应的变化,从而在次级绕组中便产生 15kV 左右的高压用于点火。汽车点火线圈原理示意图如图 5-12 所示。

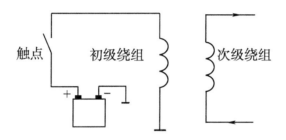

图 5-12 汽车点火线圈原理示意图

2. 同名端

互感线圈中,若初级和次级绕线方向一致,则两线圈绕线的起始端互为同名端,两线圈绕线的终止端也互为同名端。由于绕向一致而使感应电动势的极性始终保持一致的端点叫作同名端,同名端用符号"·"或"*"表示。在标出同名端后,每个线圈的具体绕法及线圈间的相对位置便可以不必在图中标出。

知道同名端后,就可根据电流的变化趋势,方便地判断出互感电动势的极性,如图 5-11 所示,设电流 i_1 由端点 2 流出并逐渐减小,则根据自感电动势的极性判别法可知,端点 2 为"+",再根据同名端的定义,可以判断出端点 4 的感应电动势也为"+"。

三、变压器

变压器是利用电磁感应的原理来改变交流电压的装置,它可以把某一大小的交流电压变换成同频率的另一大小的交流电压,也可将大电流变换成小电流或将小电流变换成大电流,还可以变换阻抗使电路达到匹配状态。

1. 变压器的结构

变压器的种类虽然多,但其结构都基本相似,主要由铁芯(磁芯)和绕组(初级线圈、次级线圈)组成,如图 5-13 所示。

a)芯式变压器　　　b)壳式变压器　　　c)变压器符号

图 5-13　变压器的结构及符号

铁芯构成了变压器的磁路。铁芯一般采用相互绝缘的硅钢片叠压而成,这是因为硅钢片的磁导率较大,涡流损耗和磁滞损耗小。硅钢片的厚度为 0.35 ~ 0.5mm。通信中用的变压器铁芯常由铁氧体铝合金等磁性材料制成。

变压器的绕组是变压器的电路部分,由紫铜材料制成的漆包线或丝包线绕成。在工作时,与电源相连的绕组叫作原绕组或初级绕组(也称一次侧绕组);与负载相连的叫作副绕组或次级绕组(也称二次侧绕组)。制造变压器时,低压绕组要安装在靠近铁芯的内层,高压绕组装在外层,这项措施使低压绕组与铁芯之间的绝缘可靠性得以增加,同时可降低绝缘的耐压等级。变压器的高压和低压绕组之间、低压绕组和铁芯之间必须绝缘性能良好。为获得良好的绝缘性能,除选用规定的绝缘材料外,还可利用烘干、浸漆、密封等生产工艺。

较大容量的变压器除了有完成电磁感应的基本部分——铁芯和绕组外,还具有冷却设备和保护装置。

常见的变压器结构形式有芯式(图 5-14)和壳式(图 5-15)两种。芯式变压器的特点是绕组包围铁芯,它的用铁量少,结构简单,多用于大容量变压器中;壳式变压器的特点是铁芯包围绕组,它的用铜量较少,常用于小容量变压器中。

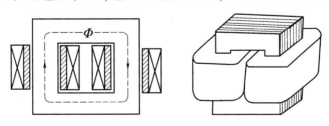

图 5-14　芯式变压器结构

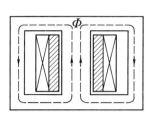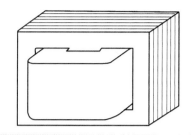

图 5-15 壳式变压器结构

2. 变压器的工作原理

如图 5-16 所示,设变压器的初级绕组匝数为 N_1,次级绕组匝数为 N_2,输入电压为 U_1,输入电流为 I_1,输出电压为 U_2,输出电流为 I_2。

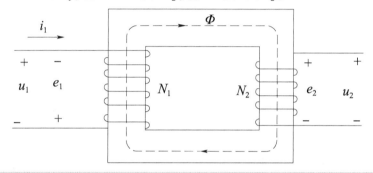

图 5-16 变压器的原理图

在图 5-16 中,由于 U_1 和 I_1 是按正弦规律交变的,所以在铁芯中产生的磁通中也是按正弦规律变化的。在交变磁通的作用下,初、次级绕组将产生正弦交变感应电动势。根据电磁感应定律,可知初、次级绕组的感应电压的有效值为:

$$U_1 = 4.44 f N_1 \Phi_m \tag{5-11}$$

$$U_2 = 4.44 f N_2 \Phi_m \tag{5-12}$$

式中:f——电源的频率,Hz;

Φ_m——铁芯中主磁通的最大值,Wb。

由以上两式可得:

$$\frac{U_1}{U_2} = \frac{4.44 f N_1 \Phi_m}{4.44 f N_2 \Phi_m} = \frac{N_1}{N_2} = K \tag{5-13}$$

式(5-13)中的 K 称为变压器的变压比。K 由初级绕组匝数、次级绕组匝数决定。当 $K>1$ 时,变压器为降压变压器;反之当 $K<1$ 时,变压器为升压变压器。

当变压器的次级绕组接入负载后,由于变压器的输入功率等于负载消耗的功率(能量守恒),即:

$$U_1 I_1 = U_2 I_2 \tag{5-14}$$

由(5-13)和(5-14)可得：

$$\frac{I_1}{I_2} = \frac{U_2}{U_1} = \frac{N_2}{N_1} = \frac{1}{K} \tag{5-15}$$

实训项目　电磁继电器线圈、触点的检测

实训描述

通过对电磁继电器检测，理解"电生磁"原理；同时完成电磁继电器线圈测量、触点检查等操作，帮助同学们理解电磁继电器的"电路控制"原理。

实训要求

完成实训项目应做到：
(1)能使用万用表完成电磁继电器线圈的检测操作。
(2)能使用万用表完成电磁继电器触点的检测操作。

一、实训器材

继电器(5针脚)、蓄电池、万用表、导线、常用维修工具。

二、实训步骤

电磁继电器线图、触点的检测实训步骤见表5-1。

电磁继电器线图、触点的检测实训步骤表　　表5-1

步骤	图　示	操作指引
1	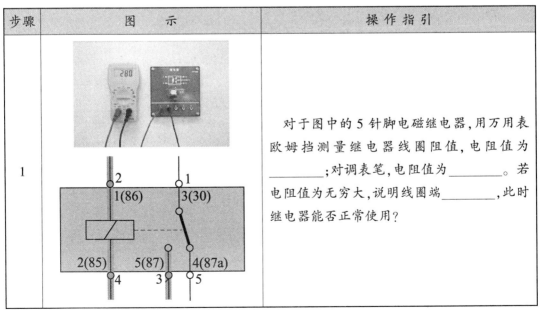	对于图中的5针脚电磁继电器，用万用表欧姆挡测量继电器线圈阻值，电阻值为＿＿＿＿；对调表笔，电阻值为＿＿＿＿。若电阻值为无穷大，说明线圈端＿＿＿＿，此时继电器能否正常使用？

续上表

步骤	图　　示	操作指引
2	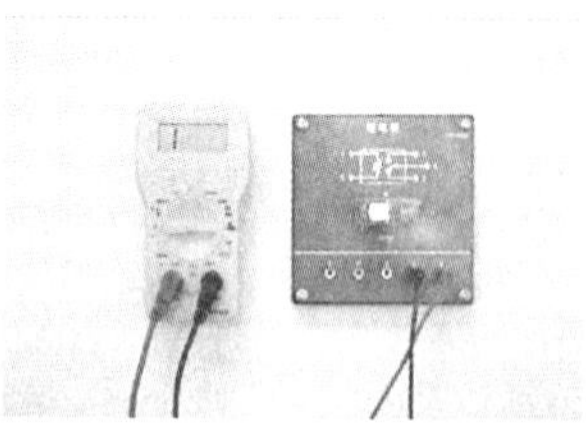	用万用表欧姆挡测量动触点与常开触点的阻值为_____；继电器工作时，动触点与常开触点的阻值为_____，原因是_____
3		用万用表欧姆挡测量动触点与常闭触点的阻值为_____；继电器工作时，动触点与常开触点的阻值为_____，原因是_____
4		继电器线圈通电后常闭触点与动触点_____，用万用表欧姆挡测量阻值为_____
5		继电器线圈通电后常开触点与动触点_____，用万用表欧姆挡测量阻值为_____

三、实训评价表

实训评价表见表5-2。

实训评价表　　　　　　　　　　　　　　　　　表5-2

姓名：	考核时间：		得分：
考核内容： 使用万用表检测电磁继电器线圈和触点			
评价内容	项目	标准	考核记录
准备工作	检查工作场地、设备、工具和维修资料	3	
	认真阅读实训指导手册	2	

续上表

评价内容	项目	标准	考核记录
专业技能	首次使用万用表前进行校准	5	
	5针脚继电器电路图识读	10	
	使用万用表测量线圈电阻	5	
	使用万用表测量常闭触点电阻	5	
	使用万用表测量常开触点电阻	5	
	继电器通电操作	10	
	通电后继电器常闭触点电阻测量	5	
	通电后继电器常开触点电阻测量	5	
	数据记录完整,分析结论正确	15	
安全和整理	身体无受伤、设备未损坏	5	
	工位复位清洁	5	
小组合作	准确清晰填写工单	5	
	学习态度积极主动,能够与小组同学分工协作	5	
	服从实训管理	5	
时间	按时完成作业任务(10min)	5	

自我检测

一、单项选择题

1. 当通过自感元件的电流增大时,其所产生的自感电动势将(　　)。
   A. 阻碍电流增大　　　　B. 阻碍电流减小
   C. 使得电流更加变大　　D. 对电流不起作用

2. 在汽车点火系统中,二次线圈的匝数越多,产生的自感电动势(　　)。
   A. 越低　　　　B. 越高
   C. 不变　　　　D. 无影响

3. 指南针能指示南北是因为指南针(　　)。
   A. 有吸引铁的性质　　　B. 被地磁场磁化了
   C. 受到地磁场的作用　　D. 会产生磁感应线

4. 霍尔元件产生的霍尔电压与(　　)。

A. 通过的电流方向垂直,与磁场方向平行

B. 通过的电流方向平行,与磁场方向垂直

C. 通过的电流方向垂直,与磁场方向垂直

D. 通过的电流方向平行,与磁场方向平行

5. 变压器正负绕组的电压之比(　　)电压之比。

A. 反比于　　　　　　B. 正比于

C. 等于　　　　　　　D. 无关

二、判断题

1. 线圈中有感应电流,则必有感应电动势。　　　　　　　　(　　)
2. 线圈中产生的感应磁场方向总是与原磁场方向相反。　　(　　)
3. 感应电流产生的感应磁场方向总是与原磁场方向相同。　(　　)
4. 用左手定则可判断感应电流的方向。　　　　　　　　　　(　　)
5. 硬磁材料不适合制作永久磁铁。　　　　　　　　　　　　(　　)

三、多项选择题

1. 以下关于安培定则的描述,说法正确的是(　　)。

   A. 用右手握住导线,让伸直的大拇指所指方向与电流方向一致,则弯曲四指所指方向为磁感应线的环绕方向

   B. 用左手握住导线,让伸直的大拇指所指方向与电流方向一致,则弯曲四指所指方向为磁感应线的环绕方向

   C. 通电直导体周围各点磁场的强弱与导体中的电流大小成正比,和以该点与导体的垂直距离成反比

   D. 通电直导体周围各点磁场的强弱与导体中的电流大小成反比,和以该点与导体的垂直距离成正比

2. 以下哪些原件的工作过程中用到了电磁力原理?(　　)

   A. 继电器　　　　　　B. 三相交流电机

   C. 电磁铁　　　　　　D. 加热电阻丝

3. 在均匀磁场中,做切割磁感应线运动的直导体,其感应电动势(　　)。

   A. 与磁感应强度 B 成正比

   B. 与导体的长度 L 成正比

   C. 与导体的运动速度 v 成正比

   D. 与导体运动方向与磁感应线之间的夹角 α 的正弦值成正比

第六章　电动机和发电机

第一节　直流电动机

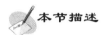
本节描述

电机是实现机械能和电能相互转换的装置,电机的发明和应用引发了第二次产业革命,人类从此进入了电气化时代。直流电机大量应用在汽车上各个位置,如刮水器、风窗玻璃洗涤器、电动油泵、电动座椅、电动后视镜、电动车窗、电动车门等。本节将介绍直流电动机的结构、工作原理、励磁形式,并学习步进电机的工作原理。

> **学习目标**
> 1. 知识目标
> (1)能叙述直流电动机的组成结构;
> (2)能叙述直流电动机的工作原理;
> (3)能对比电机不同励磁形式的优缺点;
> (4)能叙述步进电机的工作原理。
> 2. 技能目标
> (1)能在电路图中识别出电动机符号;
> (2)能识别电动机的组成部分,并叙述其作用。

一、直流电动机的定义

电动机是把电能转换成机械能的一种设备。它利用通电线圈产生旋转磁场并作用于转子形成磁电动力旋转力矩。电动机的工作原理是通电导体在磁场中受磁场力的作用。电动机按使用电源不同分为直流电动机、交流电动机和通用电动机(即交直流两用电动机),本节主要介绍直流电动机。

直流电动机是将直流电能转换为机械能的电动机。由于直流电机具有良好的调速性能和起动性能,因此,在电力拖动中得到广泛应用。大型可逆轧钢机、卷扬机、电力机车、电车等都采用直流电动机。汽车上最典型的直流起动机就是利用了直流电动机具有良好起动性能的特点。

直流电机具有可逆性,一台直流电机既可作为电动机使用,也可作为发电机使用。

二、直流电动机的结构

直流电动机主要由定子、转子、气隙三大部分组成,其外形如图6-1所示。定子和转子均由电磁部分和机械部分组成,以便满足电磁作用的条件;定子和转子之间的空隙称为气隙。

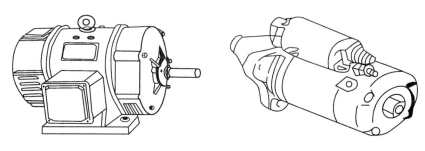

a)工业Z2系列直流电动机　　　　b)汽车直流电动机

图6-1　常见直流电动机

图6-2、图6-3分别为同一台国产四极直流电机的结构图和断面图。

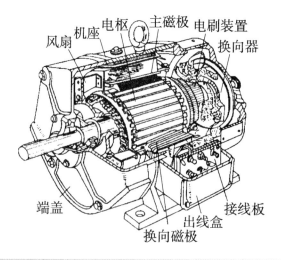

图6-2　直流电动机结构图

第六章　电动机和发电机

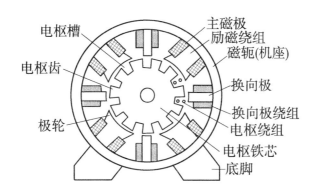

图6-3　直流电动机断面图

汽车直流起动机一般由直流电动机、传动机构、操纵机构(电磁开关)三部分组成,如图6-4所示。一般来讲,工业用直流电动机的工作电压较高、功率较大;而汽车用直流电动机多应用于低压、大电流的工作环境,功率相对较小。

图6-4　汽车直流起动机

1.定子

定子主要起产生主磁场和机械支撑的作用,分为励磁式定子和永磁式定子两类。

励磁式定子主要由主磁极、机座、换向极、端盖、电刷装置等部件组成,如图6-5所示。

（1）主磁极。主磁极的作用是建立主磁场,装在机座的内壁,由主磁极铁芯和励磁绕组组成。一般直流电动机的主磁极是通过将直流电流通入套装在主磁极铁芯上的励磁绕组来建立的。主磁极的

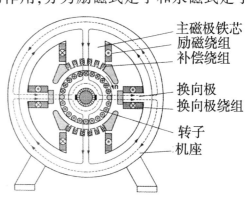

图6-5　直流电动机定子结构

个数一定是偶数,励磁绕组的连接必须使得相邻主磁极的极性按 N、S 极交替出现的规律进行。汽车起动机一般采用 4 个磁极,功率较大的可采用 6 个磁极。

（2）机座。机座有两个作用:一是作为电动机磁路的一部分,起铁芯的导磁作用;二是作为电动机的结构框架,起支撑作用,用以固定主磁极、换向磁极并支撑整个电动机的质量。机座一般用厚钢板弯成筒形以后焊成,或者用铸钢件(小型机座用铸铁件)制成。机座的两端装有端盖。

（3）换向极。当直流电动机的容量超过 1kW 时,在相邻主磁极之间都要安装一个小磁极,它的作用是改善直流电动机的换向情况,使电动机运行时不产生有害的火花。换向极的结构和主磁极类似,换向极的个数一般与主磁极的极数相等。

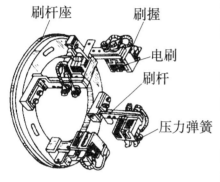

（4）端盖。端盖装在机座两端,并通过端盖中的轴承支撑转子,将定转子连为一体,同时端盖对电动机内部还起到防护作用。

（5）电刷装置。电刷装置的作用把外电路的电压、电流引入电枢绕组,它由电刷、刷杆、刷杆座和压力弹簧等部分组成,如图 6-6 所示。

图 6-6 电刷装置

2. 转子

转子为直流电动机的转动部分,又称电枢。转子部分包括电枢铁芯、电枢绕组、换向器转轴轴承、风扇等,其基本结构如图 6-7 所示。

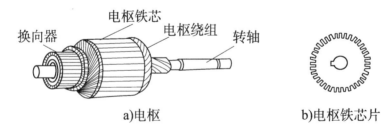

a)电枢　　　　　　　b)电枢铁芯片

图 6-7 转子(电枢)及其结构

电枢铁芯既是主磁路的组成部分,又是电枢绕组支撑部分,电枢绕组就嵌放在电枢铁芯的槽内。电枢绕组由一定数目的电枢线圈按一定的规律连接组成。它既是直流电动机的电路部分,也是感应电动势产生电磁转矩并进行机、电能量转换的部分。

换向器(又称整流子)是由许多特殊形状的梯形铜片和起绝缘作用的云母片

相互间隔叠装成圆筒形,凸起的一端用来与电枢绕组端头相连;下有燕尾槽,利用换向器套筒、压圈等将换向片及云母片紧固成一个整体。换向器装在转轴上,由许多具有鸽尾形的换向片排成一个圆筒,其间用云母片绝缘,两端再用两个V形环夹紧而构成,如图6-8所示。每个电枢线圈首端和尾端的引线,分别焊入相应换向片的升高片内。

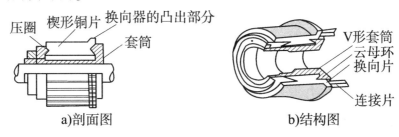

图6-8 换向器及其结构

3. 气隙

定子部分与转子部分之间的空气间隙称为气隙,它起到耦合定子部分与转子部分磁场的作用,气隙是否对称平衡直接影响到电动机的性能。

三、直流电动机的工作原理

直流电动机的工作原理如图6-9所示。

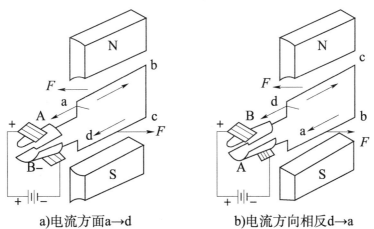

图6-9 直流电动机的工作原理

如图6-9a)所示,当电路接通时,线圈abcd中电流的方向是:蓄电池正极→励磁绕组→电刷→换向片A→线圈(a→d)→换向片B→电刷→搭铁,此时励磁绕组中产生电磁场,磁场磁极如图中所示。根据左手定则可知,线圈中的有效边ab与cd所受磁场力F的方向如图中所示,此时线圈产生的转矩方向为逆时针,驱动电机转子转动。

如图 6-9b)所示,当线圈转过半周后,线圈 abcd 中的电流方向发生改变,电流方向是:蓄电池正极→励磁绕组→电刷→换向片 B→线圈(d→a)→换向片 A→电刷→搭铁,此时线圈中的电流方向虽改变为 d→a,但线圈中的有效边 ab 与 cd 所受的磁场力 F 的方向同时改变,故线圈产生的转矩方向不变,仍为逆时针方向,继续驱动电机转子转动。

由于一个线圈所产生的力矩太小,转速又不稳定,所以,电动机的电枢绕组是由很多线圈组成的,换向器的片数也随线圈的增多而增加。

由直流电动机的工作原理可知,要改变直流电动机的旋转方向,就需要改变电动机的电磁转矩方向,而电磁转矩决定于主极磁通和电枢电流的相互作用。因此,改变直流电动机的转向的方法有两种:一种是改变励磁电流的方向;另一种是改变电枢电流的方向。若两者同时改变,则转向保持不变。例如,汽车电动车窗使用永磁式电动机,电动车窗的升高或降低是通过调换电动机电枢的两个导线的极性来实现车窗电动机正转、反转变换,从而达到使车窗上升、下降的目的。

四、直流电动机的分类

根据主磁场的不同,磁极可分为两类:一类是永久磁铁制成主磁极,称为永磁式磁极;另一类是在主磁极绕组通入直流电通过电磁感应产生主磁极,称为励磁式磁极。汽车起动系统中,直流起动机一般都采用励磁式产生主磁极。

直流电动机产生磁场的励磁绕组的接线方式称为励磁方式。按照主磁极绕组与电枢绕组接线方式的不同,可以分为自励式和他励式,其中自励式可进一步分为并励式、串励式、复励式 3 种,不同方式的励磁绕组与电枢绕组的连接如图 6-10 所示。不同励磁方式的特点特性及其应用见表 6-1。

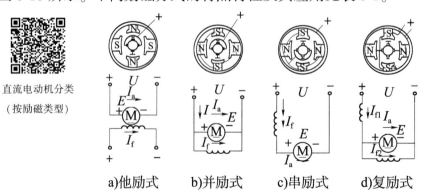

直流电动机分类
(按励磁类型)

图 6-10 励磁绕组与电枢绕组的连接

第六章　电动机和发电机

不同励磁方式的特点特性及其应用　　　　　　　　　　　　表6-1

励磁方式	永磁式	他励式	并励式	串励式	复励式
接线方式	永久磁铁	励磁绕组独立	励磁绕组与电枢绕组并联	励磁绕组与电枢绕组串联	励磁绕组的一部分与电枢绕组串联，另一部分与电枢绕组并联
特性	永磁式起动机结构简单，体积小，起动制动快，起动制动转矩大，适用于空间较小的汽车上，但易失磁	他励(或并励)电动机在运行时若负载较小，则会造成"飞车"事故	不能产生高转矩，故不能用它作为起动机；输出转矩不随转速升高而下降	起动转矩大，输出转矩随着电动机转速升高而下降。轻载时转速高，重载时转速低。短时间能输出最大功率。适用于负载转矩经常大幅度变化的负载。不允许轻载或空载起动	空载时与并励相似，加载后与串励相似。防止轻载时转速过高造成"飞车"。能发挥好的起动转矩和保持恒定的运行速度。可以克服单独并励式或单独串励式电动机的缺点
在汽车上的应用	小型电动机(刮水器电动机、电动车窗电动机、鼓风电动机、电动调节电动机)	较少使用	常用于减速型起动机(刮水器电动机、电动车窗电动机、电动座椅电动机)	应用于大多数直接驱动式起动机	大功率起动机多采用复励式啮合起动机

五、步进电动机

步进电动机是将电脉冲信号转换成角位移或直线位移的控制电动机，在自动控制系统中用作执行元件。当给步进电动机输入一个电脉冲信号时，它就转过一定的角度或移动一定的距离。由于其输出的角位移或直线位移可以不是连续的，因此，称为步进电动机。

步进电动机的精度高、惯性小，步距角和转速大小不受电压波动、负载变化的影响，也不受各种环境条件诸如温度、压力、振动、冲击等的影响，而仅与脉冲频率成正比,通过改变脉冲频率的高低就可以大范围地调节电动机的转速,并能实现快速起动、制动、反转。步进电动机具有自锁的能力,不需要机械制动装置,没有减速器也可获得低速运行,加之其具有结构简单、可靠性高和成本低的特点,因此,广泛用于数控机床、计算机外围设备等控制系统中。

根据励磁方式的不同,步进电动机分为反应式步进电动机、永磁式步进电动机、感应子式(又叫混合式)步进电动机和单相式步进电动机等。其中,反应式步进电动机应用最为广泛,下面以此为例,介绍步进电动机的结构和工作原理。

1. 步进电动机的结构

单段三相反应式步进电动机的结构分成定子和转子两大部分,如图6-11所示。定子、转子铁芯由软磁材料或硅钢片叠成凸极结构,定子、转子磁极上均有均匀的小齿,定子、转子的齿数相等。定子磁极上套有按星形连接的三相控制绕组,每两个相对的磁极为一相,转子上没有绕组。

 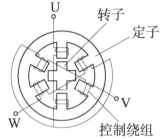

a)步进电动机实物图　　　　b)三相反应式步进电动机示意图

图6-11　反应式步进电动机

2. 步进电动机的工作原理

磁力线总是试图通过磁阻最小的路径,并形成闭合回路。因此,当磁力线发生扭曲时会产生切向力而形成磁阻转矩,使转子转动,这就是反应式步进电动机的工作原理。单段三相反应式步进电动机的工作原理可以通过图6-12来分析说明。

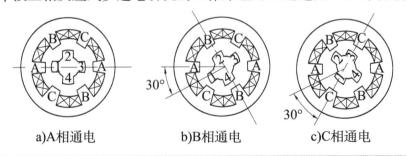

a)A相通电　　　　b)B相通电　　　　c)C相通电

图6-12　单段三相反应式步进电动机工作原理

在步进电动机的三相绕组中以 A→B→C→A 的顺序轮流通入直流电流,下面分析通电情况下转子的运动情况。

当 A 相绕组通电时,气隙中生成以 A—A 为轴线的磁场。在磁阻转矩的作用下,转子转到使 1、3 两个转子齿与磁极 A—A 对齐的位置上。如果 A 相绕组不断电,1、3 两个转子齿就一直被磁极 A—A 吸住而不改变其位置,即转子具有自锁能力。

当 A 相绕组断电、B 绕组通电时,气隙中生成以 B—B 为轴线的磁场。在磁阻转矩的作用下,转子又会转动,使距离磁极 B—B 最近的 2、4 两个转子齿转到与磁极 B—B 对齐的位置上(此为磁阻最小的路径,所需转矩最小)。转子转过的角度为步距角,由图 6-12 可知该步距角为 30°。

同理,当 B 相绕组断电,C 相绕组通电时,会使 1、3 两个转子齿与磁极 C—C 对齐,转子转过的角度也为 30°。

可见,当步进电动机的 3 个控制绕组以 A→B→C→A 的顺序不断地轮流通电时,步进电动机的转子就会沿 ABC 的方向一步一步地转动。如改变控制绕组的通电顺序为 A→C→B→A,则转子转向相反。

以上通电方式中,通电状态循环一周需要改变 3 次,每次只有单独一相控制绕组通电,称之为三相单三拍运行方式。此外,还有三相双三拍运行方式(工作原理如图 6-13 所示)和三相六拍运行方式。

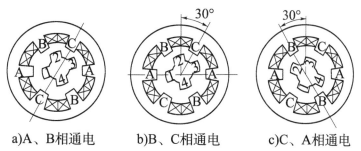

图 6-13　三相双三拍步进电动机工作原理

汽车上应用最典型的步进电动机是怠速步进电动机控制。步进电动机属控制电动机,不能像普通的直流电动机和交流电动机那样能在常规条件下使用,它必须由双环形脉冲信号、功率驱动电路等组成控制系统后才可使用。

第二节　三相异步电动机

三相异步电动机是一种将电能转化为机械能的电力拖动装置。目前全世界

的电能约70%消耗在电动机上,因此在工业应用上,三相异步电动机占有十分重要的地位。三相异步电动机具有结构简单、价格低廉、可靠性高、使用维护方便、可在恶劣环境下使用等优点。本节介绍三相交流异步电动机结构、工作原理、机械特性曲线及其电动机铭牌。

> **学习目标**
>
> 1. 知识目标
> (1)能叙述三相异步电动机的结构;
> (2)能叙述三相异步电动机的工作原理;
> (3)能对比电机不同励磁形式的优缺点。
> 2. 技能目标
> (1)能识别三相定子绕组的接法,并确定接线盒连接方式;
> (2)能识读三相异步电动机的铭牌。

一、三相异步电动机的结构

三相交流异步电动机,简称三相异步电动机,其外形分别如图 6-14a)、图 6-14b)所示。

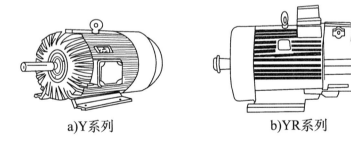

a)Y系列　　　　　　　b)YR系列

图 6-14　三相异步电动机

三相异步电动机主要由定子(固定部分)和转子(旋转部分)两个基本部分组成。定子和转子之间有 0.25~2mm 的气隙。其结构如图 6-15 所示。

1. 定子

三相异步电动机的定子由机座和装在机座内的圆筒形定子铁芯以及其中的三相定子绕组组成。

交流电动机定子铁芯是电动机磁路的一部分,并用来安置定子绕组。为了减少定子铁芯中的损耗,铁芯一般用 0.35~0.5mm 厚、表面有绝缘层的硅钢片冲片叠装而成,铁芯片的内圆冲有均匀分布的槽,用以安放定子绕组,如图 6-16 所示。

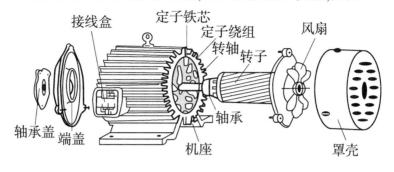

图 6-15　三相异步电动机的结构

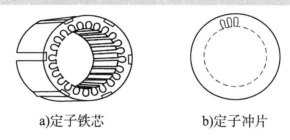

a)定子铁芯　　　　　b)定子冲片

图 6-16　定子铁芯及冲片示意图

定子绕组的作用是通入三相交流电,产生旋转磁场。小型电动机定子绕组常用高强度漆包线绕成线圈后再嵌入定子铁芯槽内。三相定子绕组 6 个出线端引到电动机机座的接线盒内,并分别标有 U1、V1、W1、U2、V2、W2。其中,U1、U2 是第一相绕组的两端,V1、V2 是第二相绕组的两端,W1、W2 是第三相绕组的两端。如果 U1、V1、W1 分别为三相绕组的始端(头),则 U2、V2、W2 是相应的末端(尾)。三相绕组可以按照需要接成星形(Y)接法或三角形(△)接法,具体连接方式如图 6-17 所示。

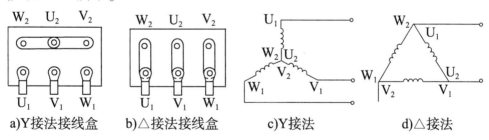

a)Y接法接线盒　　b)△接法接线盒　　c)Y接法　　　d)△接法

图 6-17　定子三相绕组的星形连接和三角形连接

机座的作用是固定定子铁芯,并通过两个端盖支撑转子,同时保护整个电动机的电磁部分和散发电动机运行时产生的热量。

端盖装在机座两端并通过端盖中的轴承支撑转子,将定转子连为一体,同时端盖对电动机内部还起到防护的作用。

2. 转子

转子是电动机的旋转部分,由转子铁芯、转子绕组、转轴、风扇组成。转子铁芯根据构造的不同可分为鼠笼式和绕线式两种。

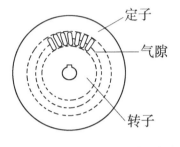

图6-18　定子铁芯和转子铁芯位置图

(1)转子铁芯。

转子铁芯是圆柱状的,由0.5mm的硅钢片冲制叠压而成,表面冲有分布均匀的槽孔,用来放置转子绕组。定子铁芯与转子铁芯之间为气隙,其位置关系如图6-18所示。转子铁芯装在转轴上,转轴上加机械负载。

(2)转子绕组。

转子绕组的作用是与定子磁场相互切割磁场,产生感应电动势和电流,并在旋转磁场的作用下产生电磁力矩而使转子转动。转子绕组根据构造的不同可分为鼠笼式和绕线式两种。

鼠笼式异步电动机若去掉转子铁芯,则嵌放在铁芯槽中的转子绕组,就像一个"鼠笼",它一般是用铜或铝铸成。鼠笼式异步电动机因此而得名。鼠笼型转子如图6-19所示。

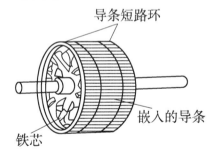
a)未拆转子铁芯的鼠笼型转子

b)已拆转子铁芯的鼠笼型转子

图6-19　鼠笼式转子

绕线式异步电动机的转子绕组同定子绕组一样是三相的,它连接成星形。每相绕组的始端连接在3个彼此绝缘的铜制滑环上,滑环固定在转轴上。环与转轴之间都是互相绝缘的。在环上用弹簧压着电刷。起动电阻和调速电阻借助于电刷,同滑环和转子绕组连接。绕线式异步电动机转子的具体结构如图6-20所示。

3. 气隙

定子与转子之间的间隙称为气隙。气隙很小,为0.2~1mm。尽管气隙只是定子与转子之间的间隙,但它对电动机的性能影响很大,如果气隙不均匀会造成电动机运转不平稳、运行性能变差。

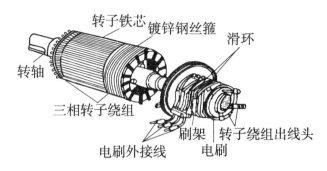

图 6-20　绕线式异步电动机转子结构

三相异步电动机的组成及各部分的主要作用见表 6-2。

三相异步电动机的组成及各部分的主要作用　　　　表 6-2

类　别	部件名称	作　用	隶属关系	材　料
定子(磁场和机械支撑)	定子铁芯	安装定子绕组,导磁	电磁部分	0.35~0.5mm 硅钢片冲片叠制,降低涡流损耗
	定子绕组	通入三相交流电,产生旋转磁场	电磁部分	整块钢或 1~1.5mm 钢片叠制
	机座	固定定子铁芯,运行时散热	电磁部分 机械部分	铸钢、铝(小型电动机),厚钢板焊接(大、中型电动机)
	端盖	支撑转子,对电动机内部还起防护作用	机械部分	铸铁
	轴承	支撑转轴,使轴运转灵活	机械部分	—
转子(产生电磁转矩)	转子铁芯	构成磁路、嵌放电枢绕组	电磁部分	铝制而成或铜条焊接而成
	转子绕组	承载电流,产生转矩	电磁部分	圆截面铜线或扁导线、空心导线
	风扇	对运行中的电动机降温	机械部分	合金钢锻压
	转轴	传递转矩	机械部分	中碳钢或合金钢
气隙	—	耦合磁场	电磁部分	—

二、三相异步电动机的工作原理

图 6-21 为鼠笼式异步电动机工作原理的演示实验图。在装有手柄的马蹄形磁铁的 N、S 两极之间放置一个可以自由转动的轻型金属鼠笼型转子。磁铁与鼠笼之间没有任何机械连接。当缓慢转动手柄时,会发现鼠笼跟着旋转,而且旋转方向与手柄转动是一样的。当手柄转动速度加快或减缓时,鼠笼的旋转速度跟着加快或减缓;当手柄反向旋转时,鼠笼也跟着反向旋转。

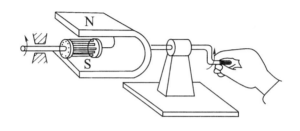

图 6-21 鼠笼式异步电动机工作原理演示实验

此现象可以用图 6-22 来解释。当磁场旋转时,磁铁与鼠笼发生相对运动,鼠笼中的金属导条与磁场相互作用形成电磁力矩,从而带动鼠笼随磁极一起转动。实际中的三相鼠笼异步电动机就是利用通入定子绕组中的三相交流电产生旋转磁场的。

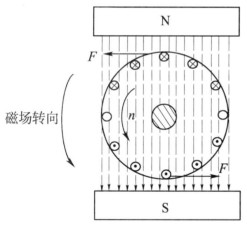

图 6-22 通电导体受力情况

下面分析三相异步电动机旋转磁场的产生过程。三相异步电动机的定子绕组就是用来产生旋转磁场的,它嵌放在定子铁芯槽内,按一定规律连接成三相对称结构。相电源相与相之间的电压在相位上相差 120°,三相绕组 U1、U2、V1、V2、W1、W2 在空间上彼此相隔 120°。图 6-23 为简化的三相绕组分布图、三相绕组按星形连接时接入三相对称电源时绕组和电流的示意图。

下面举例描述旋转磁场的产生过程,同理可以类推其他任意时刻的磁场情况。规定电流流进用符号"⊗"表示,电流流出用"⊙"表示。

(1) 由图 6-23c) 可知,在 $\omega t = 0$ 时: $i_u = 0$,U_1U_2 绕组中没有电流;$i_v < 0$,实际方向与参考方向相反,即从末端 V_2 流入,从 V_1 流出;$i_w > 0$,即从 W_1 流进,从 W_2 流出。

根据安培定则可以确定,此时绕组 V_2V_1、W_1W_2 产生的合成磁场如图 6-24a)所示。

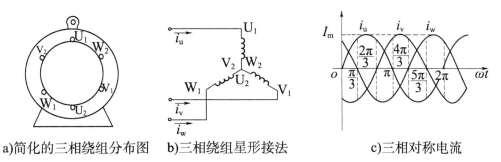

a)简化的三相绕组分布图　　b)三相绕组星形接法　　c)三相对称电流

图 6-23　定子三相绕组中通入三相对称电流

(2)由图 6-23c)可知,在 $\omega t = \pi/3$ 时:$i_w = 0$,W_1W_2 绕组中没有电流;$i_v < 0$,实际方向与参考方向相反,即从末端 V_2 流入,从 V_1 流出;$i_u > 0$,即从 U_1 流进,U_2 流出。根据安培定则可以确定,此时绕组 V_2V_1、U_1U_2 产生的合成磁场如图 6-24b)所示。

与 $\omega t = 0$ 的情况对比可以发现,在 $\omega t = \pi/3$ 时,定子绕组产生的磁场旋转了 $\pi/3$。同理可以得到 ωt 为 $2\pi/3$、π、$4\pi/3$、$5\pi/3$、2π 时定子绕组产生的合成磁场,如图 6-24c)~图 6-24f)所示。由分析可知,当定子绕组中通入三相电流后,三相电流不断随时间变化时,它们共同产生的合成磁场也随着电流的变化而在空间不断地旋转着,这就是旋转磁场。定子绕组产生的旋转磁场同演示实验中磁铁在空间旋转所产生的旋转磁场作用是一样的,只是区别在于定子磁场的强度是不断变化的。

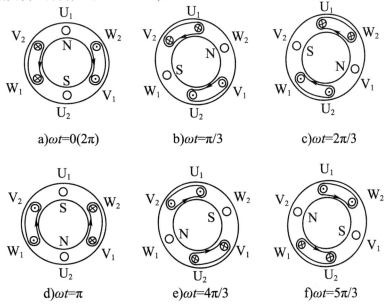

a)$\omega t = 0(2\pi)$　　b)$\omega t = \pi/3$　　c)$\omega t = 2\pi/3$

d)$\omega t = \pi$　　e)$\omega t = 4\pi/3$　　f)$\omega t = 5\pi/3$

图 6-24　旋转磁场

电动机的转速与磁极数和使用电源的频率(磁场的转速)有关,因此,调节交流电动机的转速有两种方法:改变磁极法和变频法。

观察图6-24还可以发现,旋转磁场的旋转方向与绕组中电流的相序有关。当相序U、V、W按顺时针排列时,磁场也按顺时针方向旋转,若把三根电源线中的任意两根对调,相序改变,则磁场将按逆时针方向旋转,电动机随之反转。利用这个特性,可以很方便地改变三相电动机的旋转方向。

三、三相异步电动机的机械特性曲线

三相异步电动机的转速 n 与转矩 T 之间的关系 $n=f(T)$ 称为电动机的机械特性,其曲线如图6-25所示。图6-25中,A点为同步转速点,B点为最大转矩点,C点为起动点,M点为额定工作点。在机械特性图中,存在两个工作区:稳定运行区和不稳定运行区。在机械特性曲线的AB段,当作用在电动机轴上的负载转矩发生变化时,电动机能适应负载的变化而自动调节达到稳定运行,故为稳定区。机械特性曲线的BC段,因电动机工作在该区段时其电磁转矩不能自动适应负载转矩的变化,故为不稳定区。

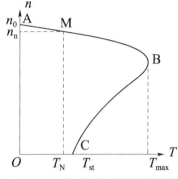

图6-25 三相异步电动机的机械特性曲线

四、三相异步电动机的铭牌

三相异步电动机的额定值刻印在每台电动机的铭牌上,铭牌的形式见表6-3。

三相异步电动机铭牌形式　　　　　　　表6-3

三相异步电动机					
型号	Y90-4	电压	380V	接法	Y
容量	1.5kW	电流	3.7A	工作方式	连续
转速	1400r/min	功率因数	0.79	温升	75℃
频率	50Hz	绝缘等级	B	出厂日期	
制造厂家		产品编号		质量　kg	

(1)型号。为了适应不同用途和不同工作环境的需要,电动机制成不同的系列,每种系列用各种型号表示。例如:

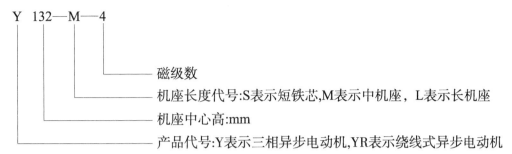

(2)额定功率。额定功率是指电动机在额定运行时轴上输出的机械功率,单位为 kW。

(3)额定电压。额定电压是指额定运行时在规定的接法下加在定子绕组上的线电压,单位为 V。

(4)额定电流。额定电流是指电动机定子绕组加额定电压,轴上输出额定功率时加在定子绕组上的线电流,单位为 A。

(5)额定转速。额定转速是指电动机在额定电压、额定频率下,输出端有额定功率输出时的转速,单位为 r/min。

(6)额定频率。额定频率是指我国规定的电源频率,50Hz。

(7)额定效率。额定效率是指电动机在额定情况下运行时的效率,是额定输出功率与额定输入功率的比值。异步电动机的额定效率通常为 75%~92%。

(8)功率因数。功率因数是指电动机在额定负载时,定子边的功率因数。三相异步电动机的功率因数较低,在额定负载时为 0.7~0.9,而在轻载和空载时更低,空载时只有 0.2~0.3。

(9)接法。接法特指定子三相绕组的接法。通常三相异步电动机功率在 3kW 以下连接成星形;功率在 4kW 以上连接成三角形。

(10)绝缘等级。绝缘等级按电动机绕组所用的绝缘材料在使用时容许的极限温度来划分。

(11)极限温度。极限温度是指电动机绝缘结构中最热点的最高允许温度。

(12)工作方式。工作方式反映异步电动机的运行情况,可分为三种基本方式:连续运行、短时运行、断续运行。

第三节 三相交流发电机

 **本节描述**

电力是现代工业中使用的主要动力形式,而工业和民用的电能绝大部分都

是由三相电源供给的。目前,三相电源主要是由各类发电厂利用三相同步发电机发电产生的。对汽车电器而言,正常情况下起动机以外的用电设备供电主要是由交流发电机完成的,发电机同时向汽车蓄电池充电。本节将介绍三相交流发电机的结构和工作原理。

> **学习目标**
> 1. 知识目标
> (1)能叙述三相交流发电机的结构;
> (2)能叙述三相交流发电机的工作原理。
> 2. 技能目标
> (1)能识别三相交流发电机的主要组成部分,并叙述其功能;
> (2)能根据结构判断旋转磁极式发电机的类型及三相同步发电机的工作原理。

一、三相交流发电机的构造

发电机是利用电磁感应原理把机械能转换成电能的装置。三相交流发电机的结构形式有两种,一种是旋转电枢式,它将三相绕组安装在转子上,磁极装在定子上;另一种是旋转磁极式,它将磁极装在转子上,三相绕组装在定子上。大容量的同步发电机往往采用旋转磁极式。

在旋转磁极式发电机中,按照磁极的形状可以分为隐极式和凸极式两种。隐极式的转子上没有明显凸出的磁极,其气隙是均匀的,转子成圆柱形的,其外形如图6-26a)所示,常用作汽轮发电机的转子。凸极式的转子上有明显凸出的磁极,气隙不均匀,其外形如图6-26b)所示,水轮发电机等转速较低的同步发电机一般都采用凸极式转子。发电机一般多采用汽轮机或水轮机作为原动机来拖动,前者称为汽轮发电机,后者称为水轮发电机。其中,汽轮发电机的转速较高,而水轮发电机的转速较低。

汽车上常用交流发电机的组成如图6-27所示,它属于隐极式同步发电机。

交流发电机和其他电动机结构类似,主要由定子、转子和气隙组成。

1. 定子

定子又称电枢,是发电机的固定部分。定子由定子铁芯和定子绕组组成。定子铁芯和定子绕组又称为电枢铁芯和电枢绕组。定子铁芯的内圆周表面有槽,用来放置三相对称绕组。绕组的排列和接法与三相异步电动机的定子绕组相同。

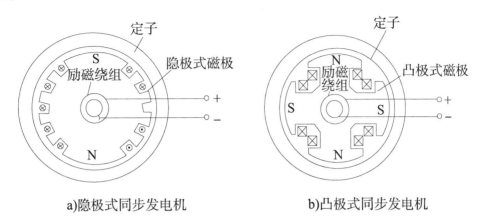

a) 隐极式同步发电机　　　　b) 凸极式同步发电机

图 6-26　旋转磁极式同步发电机

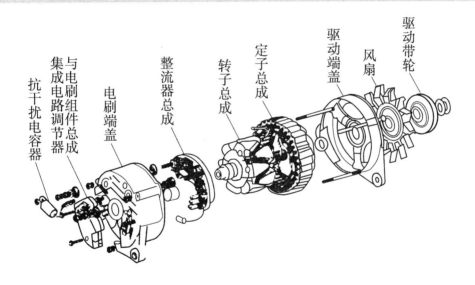

图 6-27　汽车交流发电机的组成

2. 转子

转子由转子铁芯和转子绕组组成。转子铁芯上装有制成一定形状的成对磁极,磁极上绕有励磁绕组,通以直流电流时,将会在发电机的气隙中形成极性相间的分布磁场,称为励磁磁场或主磁场。

3. 气隙

气隙处于电枢内圆和转子磁极之间,厚度为 0.2~1mm,气隙层的厚度和形状对发电机内部磁场的分布和同步发电机的性能有重大影响。

二、三相交流发电机的工作原理

(1) 主磁场的建立。向励磁绕组通以直流励磁电流,建立极性相间的励磁磁场,即建立起主磁场。

(2) 载流导体。三相对称的电枢绕组充当功率绕组,成为感应电势或者感应电流的载体。

(3) 切割运动。原动机(如汽车发动机)拖动转子旋转,输入机械能,极性相间的励磁磁场随轴一起旋转并顺次切割定子各相绕组(相当于绕组的导体反向切割励磁磁场)。

(4) 交变电势的产生。当转子由原动机(如汽车发动机)带动沿顺时针方向恒速转动时,由于电枢绕组与主磁场之间的相对切割运动,定子三相绕组切割转子磁极的磁力线,电枢绕组中将会感应出频率相同、幅值相等、相位相差120°的按周期性变化的三相对称交变电动势。通过引出线,即可向外提供交流电源。图6-28a)中用三个在空间错开120°分布的线圈代表三相对称交流绕组。感应电动势输出波形如图6-28b)所示。

三相交流
发电机原理

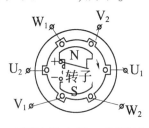

a) 同步发电机工作原理

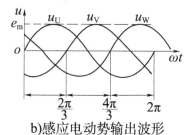

b) 感应电动势输出波形

图6-28 三相交流发电机交变电势的产生

感应电动势可按下式计算:

$$\begin{cases} e_U = E_m \sin\omega t \\ e_V = E_m \sin(\omega t - 120°) \\ e_W = E_m \sin(\omega t + 120°) \end{cases} \quad (6\text{-}1)$$

三相同步电动势的频率由发电机的磁极数和转速决定。当转子为一对磁极时,转子旋转一周,绕组中的感应电动势变化一个周期;当电机有 p 对磁极时,则转子转过一周,感应电动势变化 p 个周期。设转子每分钟转速为 n,则电动势的频率 f 为:

$$f = \frac{pn}{60} \quad (6\text{-}2)$$

式中:f——频率,Hz;

　　p——磁极对数;

　　n——转速,r/s。

满足式(6-2)的发电机就称为同步发电机。

我国规定工业交流电的频率为50Hz,故应用于工业上的三相交流发电机转速与磁极数的关系为:

$$n = \frac{60f}{p} = \frac{3000}{p} \tag{6-3}$$

要使得发电机向电网供给50Hz的工频电能,发电机的转速必须为某些固定值,这些固定值称为同步转速。由式(6-3)可得,一对磁极电机的同步转速为3000r/min,两对磁极发电机的同步转速为1500r/min,依此类推。只有以同步转速运行,发电机才能正常运行,因此,三相交流发电机也称三相交流同步发电机。

实训项目　直流电动机的检测

实训描述

以汽车起动机为例,进行直流电动机的拆装和检测实训,帮助同学们理解直流电动机的结构和工作原理,同时完成直流电动机主要部件检测操作。

实训要求

完成实训项目应做到:

(1)能够拆装直流电动机。

(2)使用万用表完成定子绕组的检测操作。

(3)使用万用表完成电枢检测操作。

(4)使用万用表完成电刷检测操作。

一、实训器材

直流电动机(汽车起动机)、蓄电池、万用表、起动导线、常用维修工具。

二、实训步骤

直流电动机的检测实训步骤见表6-4。

直流电动机的检测实训步骤表　　　　　　　表6-4

步骤	图示	操作指引
1	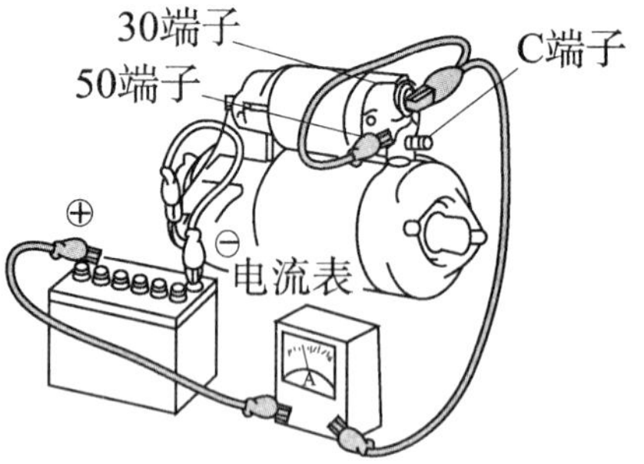 30端子、50端子、C端子、电流表	电动机空载试验： (1) 固定直流电动机(汽车起动机)； (2) 按图示的方法连接导线； (3) 检查起动机应该平稳运转,同时驱动齿轮应移出； (4) 读取电流表的数值,应符合标准值； (5) 断开50端子后,起动机应立即停止转动,同时驱动齿轮缩回
2	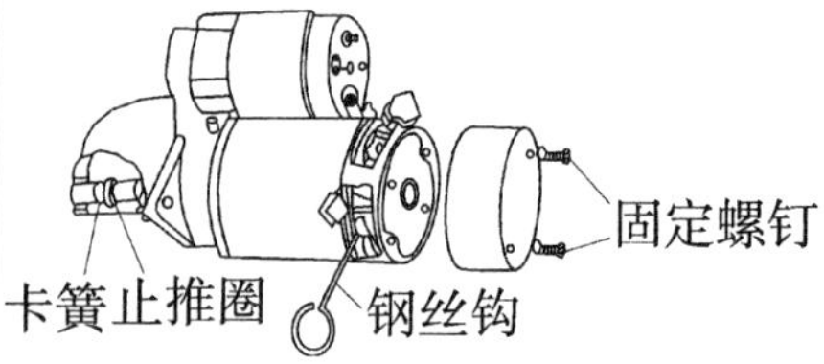 卡簧止推圈、钢丝钩、固定螺钉	使用十字螺丝刀,拆卸防尘盖固定螺钉,取下防尘盖,用专用钢丝钩取出电刷；拆下电枢轴上止推圈处的卡簧
3	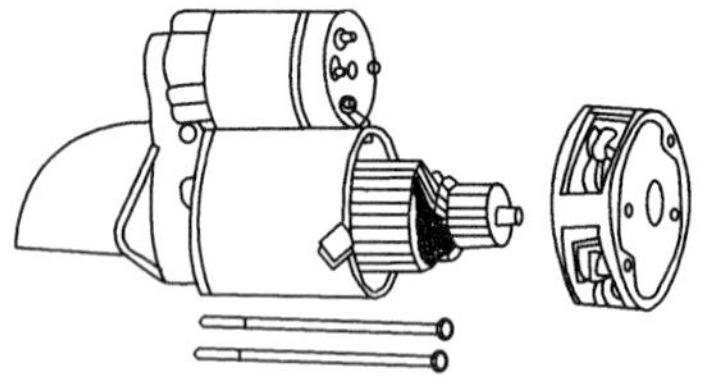	用扳手拆卸两个紧固穿心螺栓,取下前端盖,抽出电枢
4	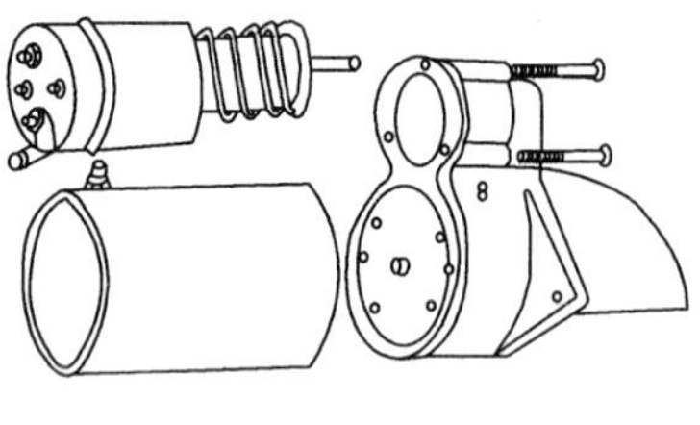	拆下电磁开关主接线柱与电动机接线柱间的导电片；拆卸后端盖上的电磁开关固螺钉,使电磁开关后端盖与中间壳体分离
5	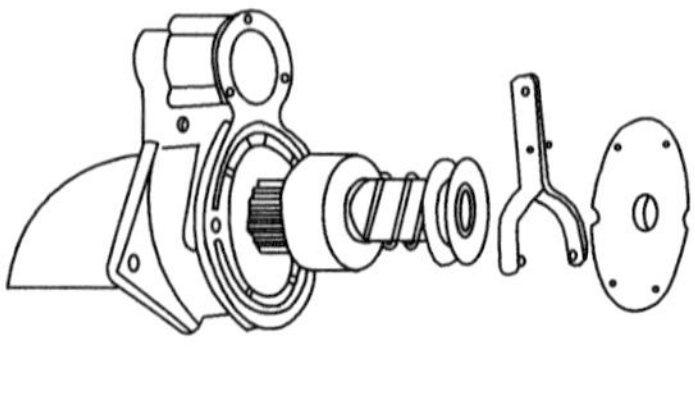	从后端盖上旋下中间支承板紧螺钉,取下中间支承板,旋出拨叉轴销螺钉,抽出拨叉,取出离合器。将已解体的机械清洗干净,电气部分用棉纱蘸少量汽油擦拭干净

第六章　电动机和发电机

续上表

步骤	图　　示	操作指引
6	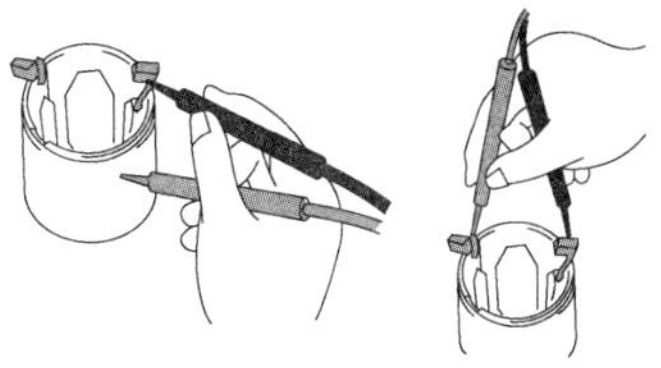	用万用表检查定子励磁绕组两电刷之同时,应导通。用万用表检查定子励磁绕组和定子外壳时,不应导通
7	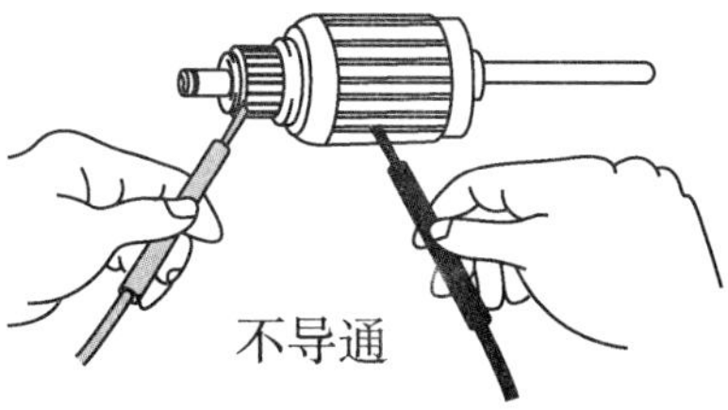	换向器和电枢线圈铁芯之间不应导通
8	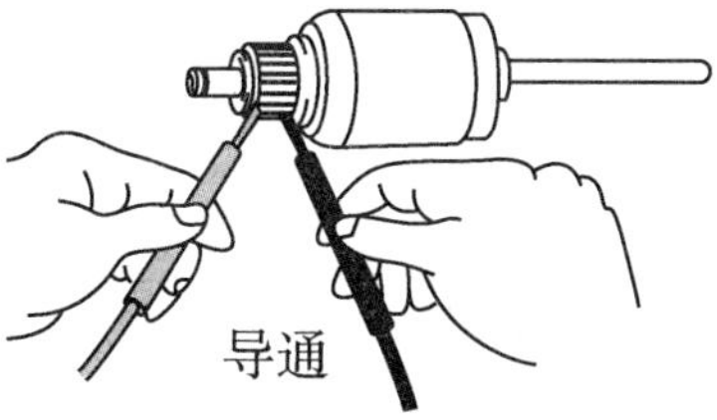	进行电枢绕组(即换向片与换向片间)的检查时,换向片之间应导通
9	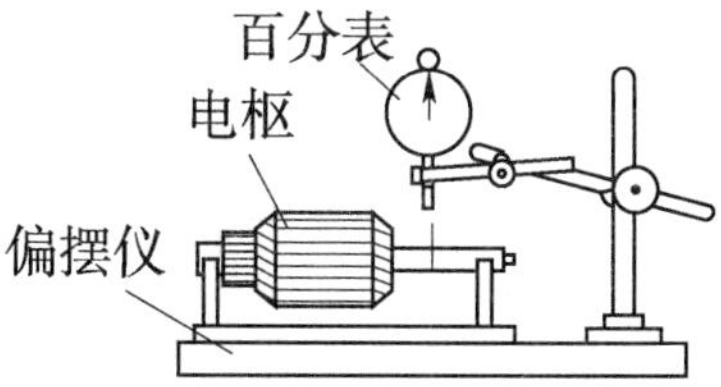	使用百分表检查换向器、电枢轴的圆跳动量,其跳动量分别不应大于0.02mm、0.08mm,否则应进行校正或更换电枢
10	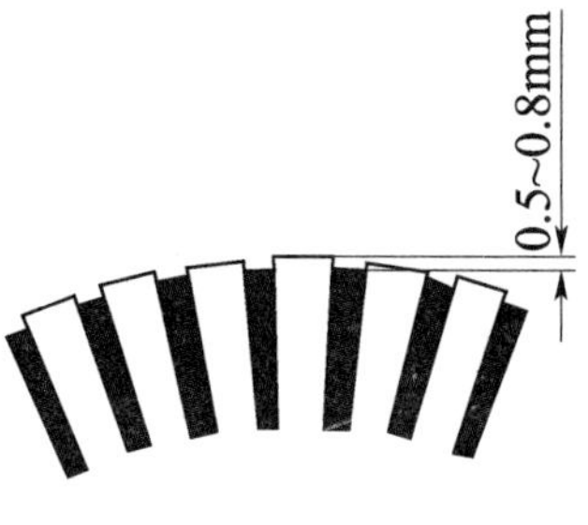	换向片应洁净,无异物。绝缘片的深度为0.5~0.8mm,深度不够应使用锉刀进行修整

续上表

步骤	图 示	操作指引
11		使用万用表检查"＋"电刷架 A 和"－"电刷架 B 之间不应导通,若导通应进行电刷架总成的更换
12	按与步骤 2~5 相反的顺序组装汽车起动机	

三、实训评价表

实训评价表见表6-5。

实训评价表　　　　　　　　　　　　　　　　表6-5

姓名:	考核时间:		得分:
考核内容: (1)拆装直流电动机; (2)使用万用表检测定子绕组、电枢、电刷			
评价内容	项目	标准	考核记录
准备工作	检查工作场地、设备、工具和维修资料	3	
	认真阅读实训指导手册	2	
专业技能	首次使用万用表前进行校准和百分表校零	5	
	起动机的拆装	10	
	使用万用表检查定子励磁绕组	5	
	使用万用表检查电枢	5	
	使用百分表检查电枢跳动量	5	
	使用万用表检查电刷	10	
	吸引线圈性能试验操作	5	
	保持线圈性能试验操作	5	
	驱动齿轮复位试验	5	
	起动机空载试验操作	10	

第六章 电动机和发电机

续上表

评价内容	项目	标准	考核记录
安全和整理	身体无受伤、设备未损坏	5	
	工位复位清洁	5	
小组合作	准确清晰填写工单	5	
	学习态度积极主动,能够与小组同学分工协作	5	
	服从实训管理	5	
时间	按时完成作业任务(10min)	5	

自我检测

一、单项选择题

1. 直流电动机中定子和转子之间的空隙称为(　　),它能起到耦合定子部分与转子部分磁场的作用。

　　A.间隙　　　　B.气隙　　　　C.缝隙　　　　D.磁耦间隙

2. 判断直流电动机旋转的方向采用(　　)。

　　A.左手定则　　B.右手定则　　C.右手螺旋定则　D.三者都是

3. 直流电动机的转矩与(　　)。

　　A.电枢电流成反比

　　B.磁极磁通成反比

　　C.电枢电流和磁极磁通的乘积成反比

　　D.电枢电流和磁极磁通的乘积成正比

4. 交流发电机的中性点电压等于发电机直流输出电压的(　　)。

　　A.1倍　　　　B.1/2　　　　C.1/3　　　　D.1/4

5. 步进电动机是将(　　)转换成角位移或直线位移的控制电动机,其输出位移可以不是连续的。

　　A.直流信号　　B.电脉冲信号　C.交流信号　　D.正弦信号

二、判断题

1. 换向器的作用是使直流电动机维持定向旋转。　　　　　　　　　(　　)

2. 直流串励式电动机在磁路饱和、磁通基本不变时,电磁转矩与电枢电流的平方成反比。　　　　　　　　　　　　　　　　　　　　　　　　(　　)

3. 在负载较轻的情况下,直流串励式电动机的转速较低。（   ）

4. 直流串励式电动机在制动状态下转矩最大,此时输出功率也最大。
（   ）

5. 直流串励式电动机在空载时,输出功率为零。（   ）

三、多项选择题

1. 汽车直流起动机组成部件有(　　　　)。
　　A. 直流电动机　　B. 传动机构　　C. 操纵机构　　D. 电源

2. 直流电动机产生磁场的励磁绕组的接线方式称为励磁方式,以下属于自励方式的是(　　)。
　　A. 永磁式　　B. 并励式　　C. 串励式　　D. 复励式

3. 励磁式定子主要由(　　)、电刷装置等部件组成。
　　A. 主磁极　　B. 机座　　C. 换向极　　D. 端盖

第七章 模拟电路

第一节 晶体二极管和整流电路

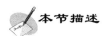 **本节描述**

二极管是最基础的半导体元件之一,它具有单向导电性。电子电路中,半导体二极管的作用是很重要的,尤其是在整流电路中。二极管在汽车硅整流发电机、电压调节器、倒车语音报警器、电子控制燃油喷射装置、晶体管点火系统等地方有广泛的应用。本节主要介绍半导体的基础知识,晶体二极管的特性;讨论单相半波整流、单相桥式整流和汽车用硅整流发电机中的三相桥式整流电路及其工作原理。

> **学习目标**
> 1.知识目标
> (1)能正确描述半导体的概念;
> (2)能阐述 PN 结的单向导电能;
> (3)能叙述二极管的主要参数;
> (4)能叙述三相桥式整流电路的工作原理。
> 2.技能目标
> (1)能在电路图中识别出二极管符号,并判断其极性;
> (2)能结合图形阐述二极管伏安特性;
> (3)能正确使用万用表检测判断二极管的好坏。

一、半导体基本知识

晶体二极管是用半导体材料锗、硅及化合物半导体制作的电子元件。晶体二极管可用来产生、控制、接收、变换、放大信号和进行能量转换等。

1. 半导体材料

自然界中存在的物质,按其导电性能的不同,大致可分为导体、绝缘体和导电性能介于导体和绝缘体之间的半导体,如图7-1所示。常用的半导体材料有硅(Si)、锗(Ge)、硒(Se)和砷化镓(GaAs)等。

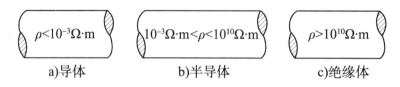

图7-1 材料按导电性能分类

半导体具有一些特殊的特性,如当半导体受到外界光和热的刺激时,其导电能力将发生半导体具有一些特殊的特性,如当半导体受到外界光和热的刺激时,其导电能力将发生显著的变化;在纯净的半导体中掺入微量杂质(如磷或硼),其导电能力会成千成万倍增加。半导体之所以具有这些特性,是由于它的原子结构不同于导体和绝缘体。

图7-2a)、图7-2b)分别为半导体材料硅和锗的原子结构示意图。硅和锗的原子核外分别有14个和32个电子,最外层的4个电子离原子核较远,受到原子核的束缚力较小,活动性较大,叫价电子,锗和硅的原子都有4个价电子,因此,它们是四价元素。原子的内层电子受原子核的束缚力较大,不易活动,所以它们和原子核结合成为稳定的整体,称为惯性核,对外呈现+4个电子电量。为了讨论方便,常把硅和锗原子结构用惯性核和价电子简化表示,如图7-2c)所示。

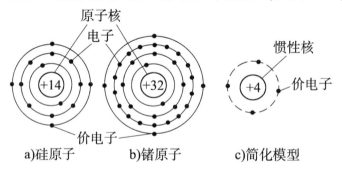

图7-2 硅和锗的原子结构示意图

制作半导体器件时,用得最多的半导体材料是单晶硅和单晶锗,它们的原子在空间按一定的规则整齐地排列,形成晶格。如图7-3a)所示,每一个原子处于正四面体的中心,而4个其他原子位于四面体的顶点处。硅和锗的每个原子最外层价电子与邻近4个原子的价电子互相"手拉手"似地连接在一起,组成4个共价键,共价键像纽带一样地将原子紧紧地连接成为一个整体,构成稳定的原子结构,如图7-3b)所示。

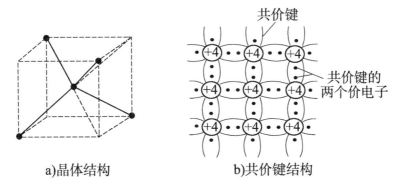

a)晶体结构　　b)共价键结构

图7-3　硅和锗晶格结构

2. 本征半导体

纯净的不含杂质、晶体结构排列整齐的半导体单晶体称为本征半导体。本征半导体在绝对零度(-273.15℃)和无外界因素影响时,每个价电子都被束缚在共价键中,不能挣脱束缚成为晶体中的自由电子,这时的半导体相当于绝缘体。但通常状态下,半导体中的价电子不像绝缘体中的价电子那样被紧紧束缚着,在常温下,共价键中的少数价电子因受热或光激发等获得足够能量,会克服共价键的束缚成为自由电子,同时在原来共价键位置处留下相同数量的空位,此空位称为空穴。在本征半导体中,当受热激发产生一个自由电子时,必然同时产生一个空穴,电子和空穴总是成对出现的,称为电子-空穴对,这种现象称为本征激发,如图7-4所示。

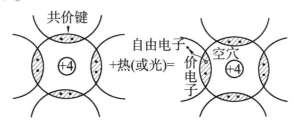

图7-4　本征激发产生电子-空穴对

本征激发的出现,使原来呈电中性的原子因失去电子而成为带正电的离子,这种正离子固定在晶格中,是不能移动的。在正离子的电场作用下,邻近位置上的价电子就很容易跳过来填补这个原子的空穴(称为复合),成为该原子的价电子。与此同时,失去价电子的原子的共价键处又留下新的空穴,好似空穴移动到邻近的这个原子上去了,如图7-5所示。如此,价电子依次填充空穴,形成了空穴的运动。这种价电子依次填充空穴的运动与带正电荷的粒子作反向运动的效果相同,因此,可把空穴看作运载正电荷的粒子——载流子,它所带的电量与电子电量相等,符号相反。

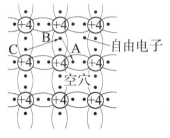

图7-5 空穴的运动

上述分析表明,本征半导体中存在自由电子和空穴两种载流子。常温下,本征半导体中的载流子数量很少,因此导电能力差。但随着温度的升高,本征激发的载流子数目会按指数规律增加,导电能力迅速增强,所以温度是影响半导体导电性能的一个重要因素。

3. 杂质半导体

本征半导体的导电能力差,没有多大实用价值。但在本征半导体中掺入微量有用元素(称为杂质),可形成导电性能增加几十万至几百万倍的杂质半导体,它是制造半导体器件的基本材料。按掺入的元素不同,杂质半导体可分为N型半导体和P型半导体。

(1) N型半导体。

在本征半导体硅(或锗)中,掺入微量五价元素(如磷)后,形成的半导体称为N型半导体,如图7-6所示。

在这种半导体中,由于磷原子的数量比硅原子少得多,只是某些位置上的硅原子会被磷原子取代,因此,整个晶体结构基本不变。这样,磷原子除以自己的价电子和相邻硅(或锗)原子组成4个共价键外,还多余一个价电子。在常温下,磷原子的这些不受共价键束缚的"多余"价电子,几乎全部被激发形成自由电子。

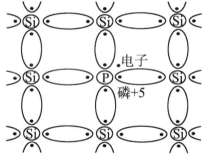

图7-6 掺入磷形成的N型半导体

在N型半导体中,杂质原子多余的价电子产生自由电子,但不产生空穴,而本征激发产生的电子-空穴对数量很少。因此,在这种杂质半导体中,自由电子数目远超过空穴数,空穴称为少数载流子,电子称为多数载流子。这种半导体主要靠电子导电,故称为电子型半导体,简称N型半导体。磷原子给出了一个多余的电子而成为不能够移动的正离子,称磷原子为施主杂质或N型杂质。

(2) P型半导体。

在本征半导体硅(或锗)中,掺入微量三价元素(如硼)后,就形成P型半导体,如图7-7所示。由于硼原子只有3个价电子,这3个价电子同相邻的4个硅(或锗)原子形成共价键时,其中1个共价键上必然缺少1个价电子而留下空位。

因此,周围共价键上的电子只要受到一点热或光刺激,获得较小的能量,就很容易脱离共价键的束缚,去填补这个空位,使硼原子成为不能移动的负离子,称硼原子为受主杂质或 P 型杂质。

失去价电子的硅原子的共价键因缺少 1 个电子而产生 1 个空穴。常温下,这种杂质半导体会产生几乎与硼原子数量相等的空穴。因此,硼元素的掺入使半导体产生的空穴数远多于本征激发产生的电子-空穴对数,

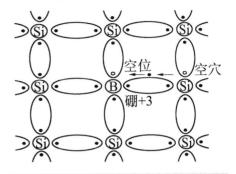

图 7-7　掺入硼形成的 P 型半导体

电子是少数载流子,空穴是多数载流子,称这种杂质半导体为空穴型半导体,简称 P 型半导体。

值得注意的是,在半导体器件的制造中,经常给半导体既掺 P 型杂质又掺 N 型杂质。例如在浓度较低的 P 型半导体中,掺入浓度较高的 N 型杂质,P 型半导体就转化为 N 型半导体。如果再掺入浓度更高的 P 型杂质,N 型又转化为 P 型,这叫杂质补偿原理。这种工艺在制造平面管和集成电路工艺中广泛使用。

4.PN 结及其单向导电性

(1)PN 结的形成。

当 P 型和 N 型半导体用特殊的工艺结合在一起时,由于两块半导体中自由电子和空穴的浓度相差很大,P 型半导体中的空穴将向 N 型半导体中扩散,N 型半导体中的电子将向 P 型半导体中扩散,如图 7-8a)所示。因此,在接触面两侧一个很窄的区域里,电子和空穴因发生复合,只留下不能移动的正负离子,这个空间电荷区称 PN 结。PN 结的两层正、负电荷会形成一个内电场,方向由 N 区指向 P 区。PN 结的电场对多数载流子的扩散运动起阻碍作用,但能使少数载流子即 P 区的电子和 N 区的空穴顺利地通过 PN 结。内电场对少数载流子的这种作用叫作漂移作用,而少数载流子因漂移而形成的电流叫作漂移电流。

当 PN 结开始形成时,扩散运动大于漂移运动。随着扩散的进行,PN 结越来越宽,内电场对扩散运动阻碍作用越来越强,使漂移运动得到加强。当扩散过 PN 结的多数载流子和漂移过 PN 结的少数载流子数量相等时,这两种运动便达到了动态平衡,阻挡层的厚度保持不变,从而形成了稳定的 PN 结,如图 7-8b)所示。

(2)PN 结的单向导电性。

PN 结的基本特性就是单向导电性。正是这种特性,使半导体得到了广泛的应用,而 PN 结的单向导电性只有在外加电压时才表现出来。

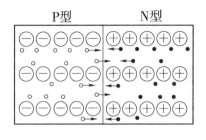
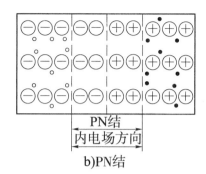

a) 扩散运动　　　　　　　　　b) PN 结

图 7-8　PN 结的形成

外加正向电压时，PN 结导通。将外电源 E 的正极与 PN 结的 P 区相连，负极与 N 区相连，叫作加正向电压，也叫正向偏置，简称正偏，如图 7-9a) 所示。

PN 结正偏时，由于外加电源所产生的外加电场与内电场方向相反，因此使内电场削弱，扩散运动加强，这相当于阻挡层变窄。于是多数载流子在外电场作用下顺利通过 PN 结，在电路中形成较大的电流，该电流叫正向电流，此时的 PN 结处于正向导通状态。在这种情况下，PN 结正向电阻较小。

外加反向电压时，PN 结截止。将外电源 E 的正极与 PN 结的 N 区相连，负极与 P 区相连，叫作加反向电压，也叫反向偏置，简称反偏，如图 7-9b) 所示。PN 结反偏时，由于外加电源所产生的电场与内电场方向相同，因此使内电场加强，即阻挡层加宽。于是多数载流子受到加强的阻碍作用，而无法通过 PN 结形成电流，少数载流子受外加电场作用能够通过阻挡层，但因数量很少，只能产生微弱的电流，其影响可以忽略。在这种情况下，PN 结的反向电阻很大，可认为 PN 结处于截止状态。

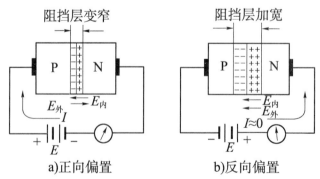

a) 正向偏置　　　　　　　　　b) 反向偏置

图 7-9　PN 结的正偏与反偏

综上所述，PN 结正偏时导通，PN 结反偏时截止，这就是 PN 结的单向导电性。

二、晶体二极管

1.晶体二极管的结构和分类

(1)晶体二极管的结构。

一块 P 型半导体和一块 N 型半导体有机地结合在一起,形成一个 PN 结,用金属导线在形成 PN 结的 P 型半导体和 N 型半导体上,分别引出电极引线,用绝缘物质封装起来便制成了半导体二极管,也叫晶体二极管,简称二极管。从 P 区引出的引线叫二极管的正极,也叫阳极,用符号 a 表示;从 N 区引出的引线叫二极管的负极,也叫阴极,用符号 k 表示,如图 7-10 所示。

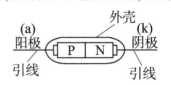

图 7-10　二极管结构示意图

由于二极管的单向导电性,使用时需要注意其极性。通常在二极管上会标识出其电极,二极管的文字符号为 VD,其电路符号同样能够识别其极性,如图 7-11 所示。

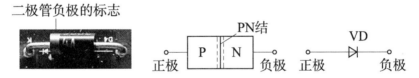

图 7-11　二极管的实物、结构及其符号

(2)二极管的类型。

按所用材料分,主要有锗管和硅管等;按用途分类,主要有普通二极管、整流二极管、稳压二极管、发光二极管、光电二极管、变容二极管、开关二极管和激光二极管等;按 PN 结的结构分类,主要有点接触型二极管、面接触型二极管和平面型二极管,如图 7-12 所示。

整流和稳压二极管

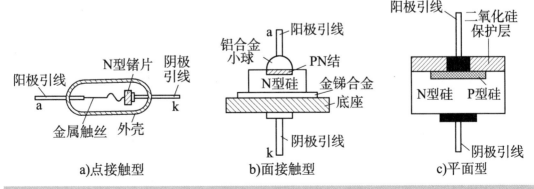

图 7-12　点接触型、面接触型和平面型二极管结构示意图

点接触型二极管由一根很细的金属丝热压在 N 型锗片上制成,结电容很小,允许通过的电流也很小(几十毫安以下),适用于高频检波、变频和高频振荡等场合。

面接触型二极管的 PN 结面积较大,结电容大,允许通过的电流也较大,适用于工作频率较低的场合,一般用作整流器件。

平面型二极管是在 N 型硅单晶片上,扩散 P 型杂质,利用硅片表面氧化膜的屏蔽作用,实现在 N 型硅单晶片上选择性地扩散一部分而形成的 PN 结。由于半导体表面被制作得平整,故称为平面型二极管。因为 PN 结的表面被氧化膜覆盖,所以稳定性好、寿命长。它不仅能通过较大的电流,而且性能稳定可靠,多用于开关、脉冲及高频电路中。

2. 晶体二极管的伏安特性

晶体二极管的伏安特性是指加到二极管两端的电压与流过二极管的电流之间的关系。通常用横坐标表示电压 U,用纵坐标表示电流 I,将伏安特性用曲线形象地表示出来,该曲线称为二极管伏安特性曲线,如图 7-13 所示。

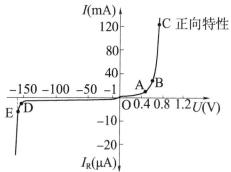

图 7-13 二极管的伏安特性曲线

下面对照图 7-13 来分析二极管的伏安特性。

(1)正向特性。

OA 段(死区):由于外加正向电压较小,外电场不足以克服内电场对载流子扩散运动所造成的阻力,PN 结呈现出较大的正向电阻,故正向电流接近零,这个区域称死区。死区电压的最大值,称二极管的门限电压,用 U_{th} 表示。常温时,硅管的门限电压为 0.5V,而锗管的门限电压为 0.1V。

AB 段:曲线 AB 段称为"缓冲带",正向电压超过门限电压后,内电场被明显削弱,正向电流随电压的增大以近似平方规律增大。

BC 段:曲线 BC 段称为"正向导通区",电压稍有增加,电流就急剧增加,二极管的特性曲线几乎是一条直线。处于正向导通状态的二极管两端电压称为二极管的正向管压降,用 U_F 表示,硅管 U_F 一般为 0.7V;锗管 U_F 一般为 0.3V。

(2)反向特性。

二极管反向偏置时(图 7-13 中 OD 段),随着反向电压的逐渐增大(0 ~ −1V),扩散运动受阻而漂移运动加强,参与导电的载流子数量也逐渐增加,反向电流随反向电压的增大而增大。反向电压超过1V后,外电场使扩散电流无法通过PN结,而少数载流子已全部参与导电,因此,反向电流不再随反向电压的增大而增大。这时的反向电流叫作反向饱和电流。常温下,硅管的反向饱和电流为一至几十微安,锗管的反向饱和电流为几十至几百微安。

二极管反向偏置时,呈现很高的反向电阻,处于截止状态,在电路中相当于开关处于断开状态。

(3)反向击穿特性。

如图7-13所示,当由D点继续增加反偏电压时,反向电流在E处急剧上升,这种现象称为反向击穿,发生击穿时的电压称为反向击穿电压U_{BR}。这时反向电压稍有增加,反向电流就会急剧增大。使用二极管时,应避免反向电压超过击穿电压,以防止二极管损坏。

3. 二极管的主要参数

二极管常用的主要参数包括以下几个:

(1)最大整流电流I_F。最大整流电流指二极管长期工作时,允许通过的最大正向电流。在实际使用时,二极管的工作电流不能超过此值,否则,二极管会因过热而损坏。

(2)最高反向工作电压U_{RM}。最高反向工作电压指二极管工作时所能承受的最高反向电压(反向峰值)。在使用时,二极管所承受的最大反向电压超过此值易被击穿。一般规定U_{RM}为反向击穿电压U_{BR}的一半。

(3)反向电流I_R。反向电流指在室温下,二极管未击穿时的反向电流值。其值越小,二极管的单向导电性能越好。

(4)最高工作频率f_M。它是二极管在正常情况下的最高工作频率。二极管的工作频率若超过一定值,就可能失去单向导电性。最高工作频率主要受PN结的结电容和反向恢复时间影响。二极管结电容小,反向恢复时间小的二极管最高工作频率较高。

此外,二极管还有反向饱和电流和最大允许耗散功率等参数。

三、二极管在电路中的应用

(1)整流。利用二极管单向导电性,可以把方向交替变化的交流电变换成单一方向的脉冲直流电。

(2)开关。二极管在正向电压作用下电阻很小,处于导通状态,相当于一只接通的开关;在反向电压作用下,电阻很大,处于截止状态,如同一只断开的开关。利用二极管的开关特性,可以组成各种逻辑电路。

(3)续流。二极管在开关电源的电感中和继电器等感性负载中起续流作用。

(4)稳压。稳压二极管实质上是一个面接触型硅二极管,稳压二极管工作在反向击穿状态。在二极管的制造工艺上,使它有低压击穿特性。稳压二极管的反向击穿电压恒定,在稳压电路中串入限流电阻,使稳压管击穿后电流不超过允许值,因此,击穿状态可以长期持续并不会损坏二极管。

二极管的响应快、使用寿命长,因此,在汽车上得到广泛的应用。例如:发光二极管在汽车车内照明、仪表照明、转向灯、制动灯、尾灯,甚至是前照灯等中均有使用。光电二极管也广泛地应用在空调系统日照传感器和自动感应大灯系统光线亮度传感器中。

四、二极管整流电路

汽车用电的特点是低压直流,而汽车发电机产生的是交流电,这就需要将交流电转化为直流电。整流电路就是利用半导体二极管的单向导电性,把周期性变化的交流电转化为方向不变、大小随时间变化的脉动直流电的电路。应用较广泛的整流电路有单相半波整流电路、单相桥式整流电路和三相桥式整流电路。

1.单相半波整流电路

(1)组成。

单相半波整流电路由电源变压器 T 和整流二极管 VD 组成,如图 7-14 所示,其中 R_L 为负载电阻。

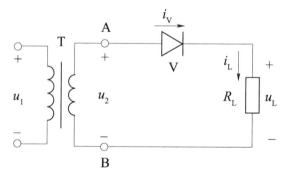

图 7-14 单相半波整流电路

(2)工作原理。

如向变压器初级输入正弦交流电压 u_1,则在变压器次级可得一个所需的同频交流电 u_2,波形如图 7-15 所示。

在 u_2 的正半周期,变压器二次绕组电压瞬时极性上端 a 为正,下端 d 为负,整流二极管 VD 正偏导通,二极管和负载上有电流流过。若忽略二极管的正向管压降,则负载两端的电压 $u_L = u_2$。

在 u_2 的负半周期,变压器二次绕组的瞬时极性上端 a 为负,下端 d 为正,二极管 VD 反偏截止,所以电路中没有电流,负载电压为零,即 $u_L = 0$。

由图 7-15 可知,正弦交流电 u_2 的一个周期内,经整流电路后,负载只能得到半个正弦波的脉动直流电。则电路利用二极管单向导电性,可把交流电 u_2 变成脉动直流电 u_L。由于电路仅利用 u_2 的半个波形,故称为半波整流电路。

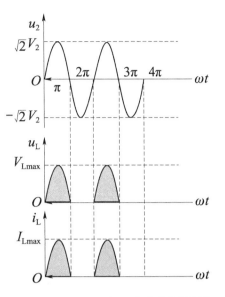

图 7-15 单相半波整流波形

(3) 负载电压和电流。

负载上的直流电压是半波脉动电压。把半个周期的脉动电压在整个周期内的平均值叫作它的直流电压 $U_{0(AV)}$。经数学计算可得负载两端的直流电压 $U_{0(AV)}$ 为:

$$U_{0(AV)} = \frac{\sqrt{2}}{\pi} U_2 \approx 0.45 U_2 \tag{7-1}$$

式中:U_2——变压器二次侧交流电 u_2 的有效值。

根据欧姆定律,可得流过负载的直流电流平均值 $I_{L(AV)}$ 为:

$$I_{L(AV)} = \frac{U_{0(AV)}}{R_L} \approx 0.45 \frac{U_2}{R_L} \tag{7-2}$$

半波整流电路使用元件少、电路简单,但输出直流电压小且波动大、电源利用率很低,一般只适用于小电流及对脉动要求不高的地方。

2. 单相桥式整流电路

(1) 电路组成。

单相桥式整流电路如图 7-16 所示,由变压器 T 和 4 个整流二极管组成。由于其电路接成电桥形式,故称为桥式整流电路。

(2) 工作原理。

设电源变压器二次绕组电压 u_2 正半周期时,极性上端 a 为正,下端 b 为负,整流二极管 VD_1、VD_3 正偏导通,VD_2、VD_4 受反偏电压 u_2 而截止。导电回路为 a→

$VD_1 \rightarrow R_L \rightarrow VD_3 \rightarrow b$,负载得到一个上正下负的半波整流电压。则在 u_2 的负半周期时极性 a 端为负,b 端为正,整流二极管 VD_2、VD_4 正偏导通,VD_1、VD_3 承受反偏电压 u_2 截止。导电回路为 $b \rightarrow VD_2 \rightarrow R_L \rightarrow VD_4 \rightarrow a$,负载同样得到一个上正下负的半波整流电压。由此可见,u_2 经桥式整流电路后,负载得到了一个全波直流电压,因此,桥式整流电路是一个全波整流电路。u_2、i_L 和 u_0 波形图如图 7-17 所示。

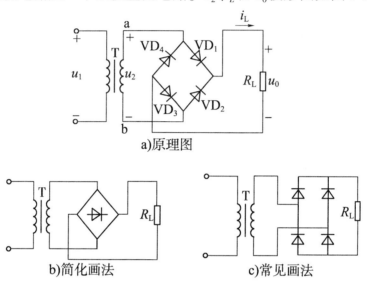

a) 原理图

b) 简化画法 c) 常见画法

图 7-16 单相桥式整流电路

(3) 负载电压和电流。

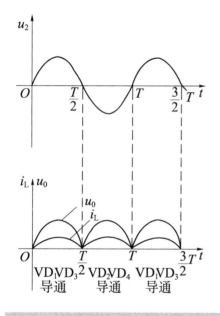

图 7-17 单相桥式整流电路波形图

单相桥式整流电路中,由于交流电在每一个周期的正、负两个半周期内都通过负载,所以负载上得到的直流电压的平均值 $U_{0(AV)}$ 和直流电流的平均值 $I_{L(AV)}$ 是单向半波整流的两倍,即:

$$U_{0(AV)} = 2 \times 0.45 U_2 \approx 0.9 U_2 \quad (7\text{-}3)$$

$$I_{L(AV)} = 0.9 \frac{U_2}{R_L} \quad (7\text{-}4)$$

桥式整流电路能使负载获得全波直流电压,电源利用率高、平均直流电压高、脉动小,因此,其获得了广泛应用。为此,生产厂家专门生产了用于桥式整流电路的"整流桥",使其使用更加方便。

3. 三相桥式整流电路

(1) 电路组成。

如图7-18a) 所示,电路由三相绕组和6只连接成桥式的整流二极管组成,故称为三相桥式整流电路。其中,三相绕组可以是三相变压器的二次绕组,也可以是交流发电机的三相定子绕组。

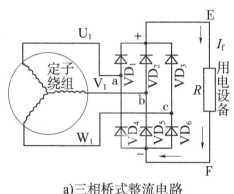
a) 三相桥式整流电路

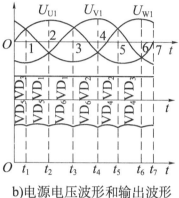
b) 电源电压波形和输出波形

图7-18 三相桥式整流电路及波形

汽车硅整流发电机中的6个整流二极管分为两组:VD_1、VD_2、VD_3的负极连接在一起,称为共负极组;VD_4、VD_5、VD_5的正极连接在一起,称为共正极组,如图7-19所示。负载连接在三相桥式整流电路的输出端E和F之间。

(2) 工作原理。

假设三相绕组输出的交流电压u_a、u_b、u_c为三相对称正弦交流电,其波形如图7-18b) 所示。

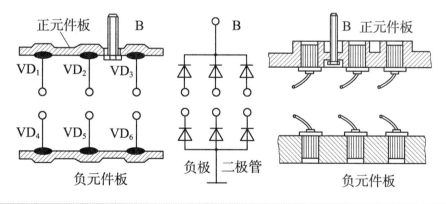

图7-19 汽车整流二极管的安装

在$0 \sim t_1$期间,u_b输出电压为负,u_a、u_c输出电压为正,但u_c输出电压比u_a输出电压高,即电路中c点电位最高,b点电位最低。二极管VD_3、VD_5正偏导通,其他

二极管反偏截止。电流从 c→VD_3→R_L→VD_5→b 形成一个导电回路。若忽略二极管的正向压降,则负载 R_L 上的电压近似等于 b、c 间的线电压。

在 $t_1 \sim t_2$ 期间,电路中 a 点电位最高,b 点电位仍最低。二极管 VD_1、VD_5 正偏导通,其他二极管反偏截止。电流从 a→VD_1→R_L→VD_5→b 形成一个导电回路。负载 R_L 上的电压近似等于 a、b 间的线电压。

在 $t_2 \sim t_3$ 期间,电路中 a 点电位最高,c 点电位仍最低。二极管 VD_1、VD_6 正偏导通,其他二极管反偏截止。电流从 a→VD_1→R_L→VD_6→c 形成一个导电回路。负载 R_L 上的电压近似等于 a、c 间的线电压。

依此类推,可列出图 7-18 中的二极管导通顺序。负载获得的脉动直流电压如图 7-18b)所示。对比图 7-17 可知,较单相桥式整流电路,三相桥式整流电路获得的脉动直流电压较为平缓。

(3)负载电压和电流。

三相桥式整流电路中,经计算得负载上得到的直流电压的平均值 $U_{0(AV)}$ 和直流电流的平均值 $I_{L(AV)}$ 的平均值为:

$$U_{0(AV)} = 2.34 U_2 \tag{7-5}$$

$$I_{L(AV)} = \frac{U_0}{R_L} = 2.34 \frac{U_2}{R_L} \tag{7-6}$$

第二节　滤波电路和稳压电路

本节描述

汽车电控系统需要稳定的 12V 或 5V 直流电压供电。由于汽车发电机输出是 13.8V 左右的三相正弦交流电,虽然经过整流,但输出的仍是具有脉动的直流电,需要稳压变成稳定直流电,才能满足汽车电控系统的要求。本节主要介绍电容滤波电路、电感滤波电路、LC 型滤波电路三种滤波电路和稳压电路作用原理。

学习目标

1.知识目标

(1)能叙述滤波电路的作用;

(2)能理解并解释振荡电路的特性;

(3)能叙述滤波电路的应用;

(4)能理解稳压二极管的工作原理。

第七章 模拟电路

> 2.技能目标
> (1)能叙述滤波电路的工作过程;
> (2)能结合图形阐述稳压二极管伏安特性;
> (3)能完成稳压二极管电路的连接。

整流电路的输出电压不是纯粹的直流,从示波器观察整流电路输出,与直流相差很大,波形中含有较大的脉动成分,称为纹波。为获得比较理想的直流电压,需要利用具有储能作用的电抗性元件(如电容、电感)组成的滤波电路来滤除整流电路输出电压中的脉动成分,以获得直流电压。

常用的滤波电路有电容滤波电路、电感滤波电路和复式滤波电路。

一、电容滤波电路

电容器是最简单、最常用的滤波器。在整流电路的输出端和负载之间并联一个电容器,便可实现滤除交流分量的目的。

1. 单相半波整流电容滤波电路

单相半波整流电容滤波电路如图7-20a)所示,设滤波电容初始电压为零。在 u_2 的第一个正半周期,即 $0 \sim t$ 期间,u_2 由零逐渐增大时,整流二极管 VD 正偏导通,u_2 向负载供电的同时,向电容器充电,电流方向如图7-20a)中箭头指向。电容器两端的电压随 u_2 的增大而增大。如果忽略不计变压器的次级电阻和二极管的正向压降,则电容器两端的电压 u_c 和负载两端的电压 u_0 等于 u_2,如图7-20c)中的 OA 段所示。当 u_2 达到最大值 $\sqrt{2}U_2$ 时,u_c、u_0 也达到 $\sqrt{2}U_2$。由于二极管的阳极电位是随 u_2 变化的,而阴极电位是随 u_c 变化的,因此,这时二极管因零偏而截止。当 u_2 开始下降并小于 u_c 时,二极管 VD 也因反偏截止。电容器在二极管截止时开始向负载放电,电流方向如图7-20b)中箭头所示。由于电容器的放电,电容器两端的电压 u_c 在 $t_1 \sim t_2$ 期间下降不多。因此,负载两端的电压变化不大,如图7-20c)中的 AB 段所示。

当 u_2 进入第二个正半周期且逐渐增大,直到 t_2 时刻,二极管阳极电位大于阴极电位,二极管 VD 又正偏导通,负载电压 u_0 的波形如图7-20c)中的 BC 段所示。在导通的 $t_2 \sim t_3$ 期间,电源并向电容器充电,到 t_3 时刻,$u_c = u_2$,二极管又截止,电容器再次向负载放电,这样周而复始,负载便可获得较平稳的直流电。

2. 单相桥式整流电容滤波电路

单相桥式整流电容滤波电路如图7-21a)所示,其工作原理与半波整流电容滤波基本相同。但由于全波整流在电源的一个周期内电容有两次充电,电容器放电时隔更短,因而经电容器滤波后的输出电压更平稳,输出波形如图7-21b)所示。图中虚线为不接滤波电容时的波形,实线为滤波后的波形。

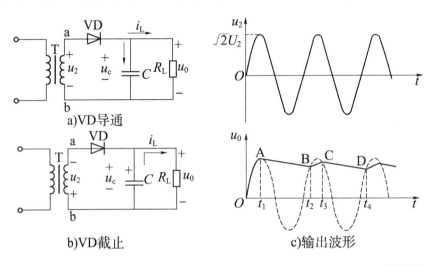

图7-20 单相半波整流电容滤波电路

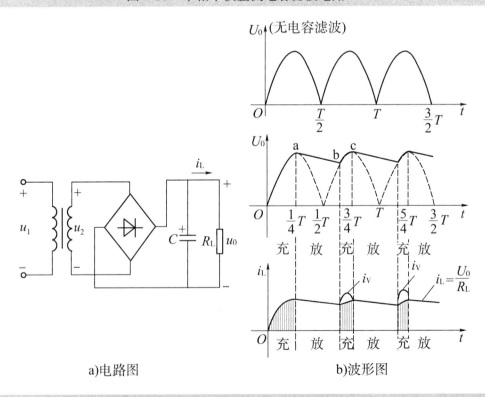

图7-21 单相桥式整流电容滤波电路

总之,对电容滤波电路,电容放电越快,放电电流就越大,输出电压起伏也越大;电容放电越慢,输出电压越平滑。电容滤波电路一般只适用于负载电流较小(R_L值较大)的场合。

二、电感滤波电路

在桥式整流电路和负载R_L之间串联一个电感线圈,便组成电感滤波电路,如图7-22a)所示。

从能量角度来讲,电感是一种储能元件。根据楞次定律,当通过线圈的电流i发生变化时,在电感中将产生感应电动势以阻止电流的变化。当电流i增大时,感应电动势的方向与电流的方向相反,阻碍电流增大,同时电感把一部分电能转换成磁场能($W_L = Li^2/2$)而储存起来;当电流i减小时,则感应电动势的方向与电流方向相同,阻碍电流减小,同时电感把储存的磁场能W_L转化为电能释放出来,补偿流过负载的电流。于是,输出电流的脉动减小了,负载上电压的脉动自然也减小了。电感滤波电路的输出波形如图7-22b)所示。

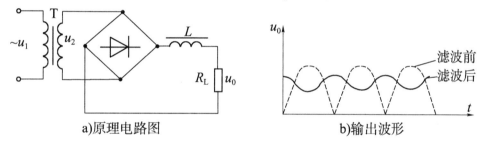

a)原理电路图　　　　　　　　　b)输出波形

图7-22　电感滤波电路原理图及输出波形

从阻抗观点来讲,由于电感线圈对直流电的阻抗远小于负载R_L,故直流分量几乎全部降在负载上,但对交流分量感抗为ωL,只要L足够大,满足ωL远大于R_L时,交流分量便几乎全部降在电感线圈上,负载上的交流压降很小,因此,负载可获得平滑的直流电压。

电感滤波电路滤波效果的好坏与负载R_L和电感线圈的电感量有关。一般L/R_L越小,输出的电压波动越大;L/R_L越大,输出的电压波动越小,负载电压越平稳。

三、LC型滤波电路

复式滤波电路是由电容C和电感L或电容C和电阻R组合,构成的LC型滤波电路和RC型滤波电路。

以桥式整流LC型滤波电路为例,其电路如图7-23a)所示。桥式整流电路输出的全波脉动直流电的交流分量大部分降落在电感 L 上，漏过来的交流分量经电容 C 的再次滤除，负载可获得更加平滑的直流电，如图 7-23b)所示。

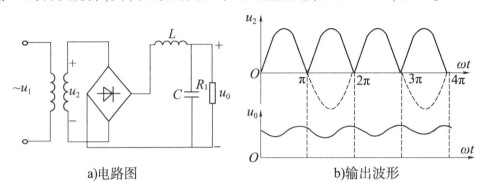

图 7-23　桥式整流 LC 型滤波电路图及输出波形

电感滤波适用于负载电流较大的场合，电容滤波适用于电流较小的场合，因此，由电感和电容组成的 LC 型滤波器兼容两者的特点，对任何大小的负载电流都有较好的滤波作用。

四、稳压电路

交流电经整流和滤波后，负载可获得比较平滑的直流电。但是，当电网电压波动或负载发生变化时，都会引起输出电压的变化。这对直流电源要求很高的精密振荡电路和数字电路，是不能满足要求的。为了得到稳定的直流电，必须在滤波电路和负载之间再接上能稳定负载电压的稳压电路。下面以并联型硅稳压管稳压电路为例介绍稳压电路。

1. 稳压二极管及其伏安特性

稳压二极管（又称齐纳二极管）简称稳压管，是一种用特殊工艺制造的面结型硅半导体二极管，其符号和伏安特性如图 7-24 所示，文字符号为 VS。

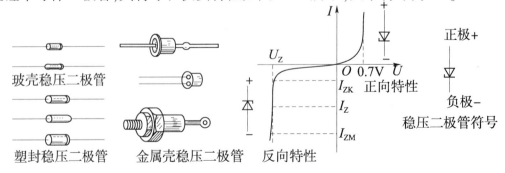

图 7-24　稳压二极管及特性曲线

由伏安特性曲线可知,稳压管在反向电压较小时,只有很小的漏电流。当反向电压增大到某一电压 U_Z 时,稳压管突然反向导通,这种现象称为"击穿",U_Z 称为击穿电压。在反向击穿区,通过稳压管的电流可以在较大的范围内变化,但它两端电压 U_Z 却变化很小,可以近似地认为恒定不变,这个特性称为稳压管的稳压特性。稳压管就是利用这一特性进行稳压的,U_Z 称稳压管的稳定电压。

2. 并联型硅稳压管稳压电路

(1) 电路组成。

稳压管稳压电路如图 7-25 所示。图中,R 是限流电阻,用以限制流过稳压管 VS 的电流,防止超过最大稳压电流 I_{ZM} 而损坏(最大稳压电流 I_{ZM} 是指稳压管允许通过的最大工作电流,稳压管中的电流若超过此值,稳压管会因过热而损坏)。

(2) 稳压原理。

负载 R_L 不变,输入电压 U_I 变化。若 U_I 升高,它经 R 和 R_L 分压后会引起 U_0(等于 U_Z)略有增大。由稳压管击穿区特性曲线知,U_Z 有微小的变化,流过稳压管的电流 I_Z 便有较大幅度的增加。由于流过限流电阻 R 中的电流 $I = I_Z + I_L$,所以 I 也迅速增加,限流

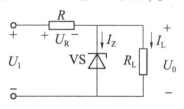

图 7-25 稳压管稳压电路

电阻 R 上的电压降 U_R 显著增加,使升高的电压基本上降落在电阻 R 上,从而使输出电压 U_0 保持稳定。类似地,若 U_I 减小,引起负载电压减小时,稳压管的电流减小,限流电阻上的压降减小,从而保证输出电压的稳定。

并联型稳压电路具有电路简单、使用元件少等优点,但稳压值受稳压管反向击穿电压的限制,且输出电压不能任意调节,输出功率不大,因此,一般只适用于电压固定、负载电流较小、负载变动不大的场合。

第三节 晶体三极管及放大电路

晶体三极管是最常用的半导体元件之一,其发挥的作用非常大。在汽车电气系统及电控系统中,几乎都离不开晶体三极管,掌握晶体三极管原理与检测是现代修车技术员必备的素质。大功率晶体三极管电路经常表现出的故障是执行元件不工作。本节主要介绍晶体三极管的结构原理、晶体三极管电流放大特性开关特性、晶体三极管的技术参数及单机放大电路。

学习目标

1. 知识目标

(1) 能正确描述晶体三极管的结构；

(2) 理解并解释晶体三极管的电流放大特性；

(3) 理解并解释晶体三极管的开关特性；

(4) 能叙述晶体三极管的主要参数。

2. 技能目标

(1) 能在电路图中识别出晶体三极管符号，并判断其连接状态；

(2) 能结合图形阐述晶体三极管的输入、输出特性；

(3) 完成晶体三极管电流放大特性实训操作。

一、晶体三极管

晶体三极管简称三极管，是放大电路的核心元件。它由两个PN结构成，可以利用输入电流控制输出电流，在电路中主要作为放大和开关元件使用。

1. 三极管的结构

三极管是通过一定的制作工艺，在一块P型（或N型）半导体两边用掺杂的方法形成2个N型（P型）区域，并从3个区域分别引出3个电极，经过封装而成的半导体器件。3个区域分别叫作发射区、基区和集电区。从3个区域引出相应的电极称为发射极E、基极B和集电极C。在3个区的交界面处形成2个PN结：处于发射区和基区之间的PN结叫作发射结，处于基区和集电区之间的PN结叫作集电结。三极管的结构示意图如图7-26所示。三极管的电路符号如图7-27所示。

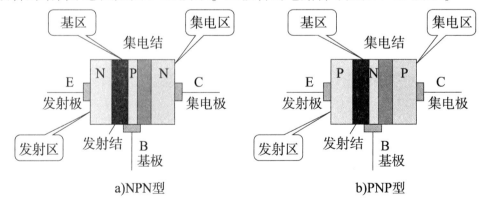

图7-26 三极管结构示意图

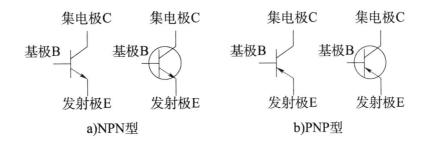

图 7-27　三极管电路符号

2. 三极管的分类

三极管的种类很多,通常按以下方法进行分类。

(1) 按半体制造材料可分为硅三极管和锗三极管。硅管受温度影响较小、工作稳定,因此,在自动控制设备中常用硅管。

(2) 按三极管内部基本结构可分为 NPN 型三极管和 PNP 型三极管。目前我国制造的硅三极管多为 NPN 型(也有少量 PNP 型),锗三极管多为 PNP 型。

(3) 按工作频率可分为高频三极管和低频三极管。工作频率高于 3MHz 的为高频三极管,工作频率在 3MHz 以下的为低频三极管。

(4) 按功率可分为小功率三极管和大功率三极管。耗散功率小于 1W 的为小功率三极管,耗散功率大于 1W 的为大功率三极管。

(5) 按用途可分为普通放大三极管和开关三极管。

二、三极管的放大原理

三极管具有电流放大作用,其实质是三极管能以基极电流微小的变化量来控制集电极电流较大的变化量。这是三极管最基本的和最重要的特性。我们将 ΔI_C 与 ΔI_B 的比值称为三极管的电流放大倍数,用符号"β"表示。电流放大倍数对于某一只三极管来说是一个定值,但随着三极管工作时基极电流的变化也会产生一定的变化。三极管在数字电路和汽车电路中常用作电子开关。

要使三极管能够正常放大信号,发射结应加正向电压,集电结应加反向电压,如图 7-28 所示。

电源 V_{CC} 通过偏置电阻 R_b 为发射结提供正向偏置,电阻 R_c 的阻值小于电阻 R_b 的阻值,所以,集电结处于反向偏置状态,如图 7-29 所示。

从实验中我们可以得出三极管电路中有以下关系:

三极管电流分配关系:

$$I_E = I_C + I_B \tag{7-7}$$

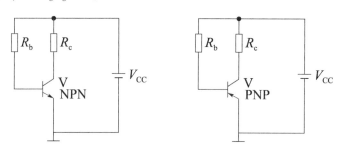

图 7-28 三极管放大原理电路图

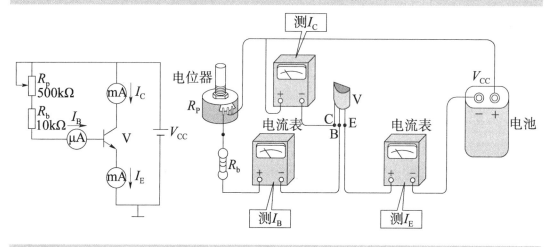

图 7-29 三极管各电极电流关系的测量电路

三极管电流放大倍数：

$$\beta = \Delta I_C / \Delta I_B \tag{7-8}$$

当 ΔI_B 有一微小变化时,就能引起 ΔI_C 较大的变化,这种现象称为三极管的电流放大作用。

三、三极管的特性曲线

1. 输入特性曲线

输入特性曲线是反映三极管输入回路电压和电流关系的曲线,如图 7-30 所示。它是在输出电压 V_{CE} 为定值时,I_B 与 V_{BE} 对应关系的曲线。当输入电压 V_{BE} 较小时,基极电流 I_B 很小,通常近似为零。当 V_{BE} 大于三极管的死区电压 V_{th} 后,I_C 开始上升。三极管正常导通时,硅三极管的 V_{BE} 约为 0.7V,锗三极管约为 0.3V,此时的 V_{BE} 值称为三极管工作时的发射结正向压降。输入特性曲线实质上就是三极管特性曲线。

2. 输出特性曲线

输出特性曲线是反映三极管输出回路电压与电流关系的曲线,如图 7-31 所示。它是指基极电流 I_B 为某一定值时,集电极电流 I_C 与集电极电压 V_{CE} 对应关系的曲线。

（1）截止区。习惯上把 $I_B=0$ 曲线以下的区域称为截止区,三极管处于截止状态时,相当于三极管内部各极开路。在截止区,三极管发射结反偏或零偏,集电结反偏。此时,C、E两极相当于开关断开。

（2）放大区。放大区是三极管发射结正偏、集电结反偏时的工作区域。其最主要的特点是 I_C 受 I_B 控制,具有电流放大作用。

（3）饱和区。当 V_{CE} 小于 V_{BE} 时,三极管的发射结和集电结都处于正偏,此时 I_C 已不再受 I_B 控制。此时三极管的集电极-发射极间呈现低电阻,相当于开关闭合。

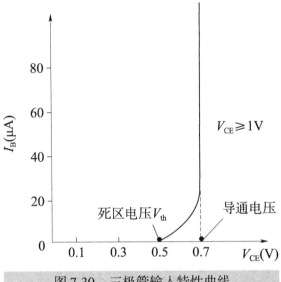

图 7-30　三极管输入特性曲线

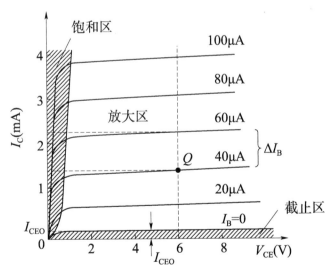

图 7-31　三极管输出特性曲线

3. 三极管的技术参数

（1）集电极最大直流耗散功率（P_{cm}）。一般要求用 P_{cm} 与原三极管相等或较大的三极管进行置换。但经过计算或测试,如果原三极管在整机电路中实际直流耗散功率远小于其 P_{cm},则可以用 P_{cm} 较小的三极管置换。

(2)击穿电压。用于置换的三极管,必须能够在整机中安全地承受最高工作电压。

(3)集电极最大允许直流电流(I_{cm})。一般要求用 I_{cm} 与原三极管相等或较大的三极管进行置换。

(4)频率特性。三极管常用的频率特性参数有以下两个:①特征频率 F_t,它是指在测试频率足够高时,使三极管共发射极电流放大系数时的频率;②截止频率 f_b。在置换三极管时,主要考虑 F_t 与 f_b。通常要求用于置换的三极管,其特征频率与截止频率应不小于原三极管所对应值。

四、三极管开关特性

1. 三极管开关

在汽车电路中,三极管通常用作开关。图 7-32 为三极管开关原理图。由图 7-32 可知,负载电阻接在三极管的集电极与电源之间,位于三极管 I_C 电流回路上。

输入电压 V_C 则控制三极管开关的断开与闭合动作,当三极管在截止状态时,C、E 两极间呈断开状态,负载电流便被阻断;反之,当三极管在饱和状态时,C、E 两极间呈闭合状态,电流便可以流通。

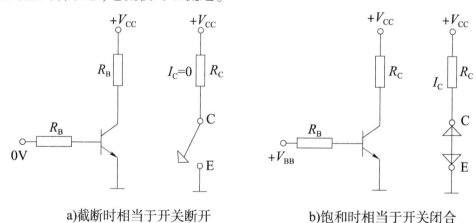

a)截断时相当于开关断开　　b)饱和时相当于开关闭合

图 7-32　三极管开关原理

2. 三极管开关的优点

(1)三极管开关不具有活动接点部分,因此,不会有机械磨损,可以无限使用;一般的机械式开关,由于接点磨损,最多只能使用数百万次,而且其接点易受污损而影响工作,因此,无法在脏乱的环境下长期运转。三极管开关既无接点又是密封的,故无此顾虑。

(2)三极管开关的动作速度比一般的开关快,一般开关的启闭时间是以毫秒

(ms)来计算的,三极管开关的动作则是以微秒(μs)计算的。

(3)三极管开关没有跃动现象,一般的机械式开关在导通的瞬间会有快速的连续启闭动作,然后才能逐渐达到稳定状态。

(4)利用三极管开关来驱动电感性负载时,在开关开启的瞬间,不产生火花;机械式开关开启时,由于瞬间切断了电感性负载上的电流,因此,电感产生的瞬间感应电压将在接点上引起弧光,这种电弧不但会侵蚀接点的表面,而且可能会造成干扰或危害。

五、放大电路

放大电路又称放大器,它的功能是利用晶体管的电流控制作用,把微弱的电信号(变化的电压或电流,简称信号)不失真地放大到所需要的数值。或者说,在输入信号控制下,实现将直流电源的能量部分地转化为按输入信号规律变化的且具有较大能量的输出信号。

1.对放大电路的基本要求

要使放大电路完成预定的放大功能,放大器必须满足以下要求:

(1)要有一定的放大倍数。

(2)要有一定的通频带,即在一定的频率范围内要求放大器具有相同的放大能力。

(3)非线性失真要小。由于晶体三极管是非线性元件,被放大后的输出信号波形与原信号的波形会出现差异,这种现象称为非线性失真。放大器的非线性失真越小越好。

(4)工作稳定。要求放大器的工作稳定,它的性能指标不随工作时间和环境条件的改变而改变。

2.放大电路的连接

三极管是组成放大器的核心元件。如图 7-33 所示,放大器有两个输入端和两个输出端,在输入端加入一个微弱的信号 u_i,通过放大器放大的信号 u_o 从输出端输出。

三极管在组成放大器时,一个电极作为信号的输入端,另一个电极作为输出端,第三个电极作为输入和输出信号的公共端。根据公共端选用基极、发射极或集电极的不同,三极管在放大器中有共基极、共发射极和共集电极 3 种不同的连接方式,如图 7-34 所示。

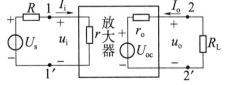

图 7-33 放大器的方框图

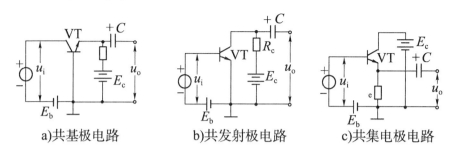

a) 共基极电路　　　b) 共发射极电路　　　c) 共集电极电路

图 7-34　三极管的连接方式示意图

实训项目　晶体二极管的检测

实训描述

利用二极管积木实训器材,使用万用表完成二极管的检测及二极管主要特性参数的测量,从而帮助同学们理解二极管的单向导电性和伏安特性曲线。

实训要求

完成实训项目应做到:
(1) 识别二极管的极性。
(2) 按照电路图连接包含有二极管的电路实物。
(3) 使用万用表完成二极管的检测操作并判断其技术状况。
(4) 完成二极管特性参数测量操作。

一、实训器材

二极管积木实训器材、万用表、导线、二极管整流积木板、示波器、可调直流电源、常用电工工具。

二、实训步骤

1. 二极管的简易判断

一般在二极管管壳上都印有二极管电路符号,有的注有二极管的阳极和阴极的识别标记。对于塑料或玻璃封装外壳的二极管,有色点或黑环的一端为阴极。对于管材、好坏和极性不明的二极管,可用万用表简易判断。

(1) 用指针式万用表判断。

可用指针式万用表"R×100"(或"R×1k")挡测量普通二极管的正向电阻和反向电阻,如图 7-35 所示。若测得阻值为零,则二极管内部电极短路;若正、反两个方向测,万用表指针都不动($R→∞$),则二极管内部断路。这两种情况均表示二极管已坏,不能使用。

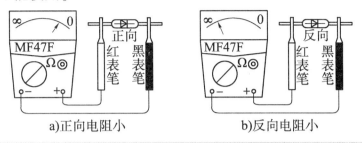

图 7-35 用指针式万用表判断

测量时正、反向电阻差值越大,二极管单向导电性越好,质量越好,且测得阻值小的那次与黑表笔相接的电极为二极管的正极,与红表笔相接的电极为二极管的负极。若测得电阻在 100~500Ω 之间,反向测得的电阻值在几十千欧左右,为锗二极管;若测得电阻在 900~2000Ω 之间,反向测得的电阻值在几百千欧,为硅二极管。

(2)用数字式万用表判断。

如图 7-36 所示,用数字式万用表的二极管测试挡测量二极管的正向管压降。若正、反两个方向测量,显示器最高位均显示"1",则二极管内部断路;若蜂鸣器响,表示二极管内部短路,这两种情况均表示二极管已坏。若测量时显示"1",调换表笔测试时显示值为 100~400mV(或 500~800mV),表示二极管为锗二极管(硅管),此时与红表笔相接的电极为二极管的正极,与黑表笔相接的电极为负极。

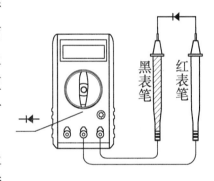

图 7-36 用数字式万用表判断

2. 二极管的检测

二极管的检测实训步骤见表 7-1。

二极管的检测实训步骤表　　　　表 7-1

步骤	图 示	操 作 指 引
1		使用万用表二极管挡,此时红表笔接的是万用表内部电源的正极,黑表笔接的是负极;使用红表笔测量二极管正极,黑表笔测量二极管负极,二极管此时_____偏置,万用表显示_____,说明_____;若万用表蜂鸣器响,说明_____

续上表

步骤	图示	操作指引
2	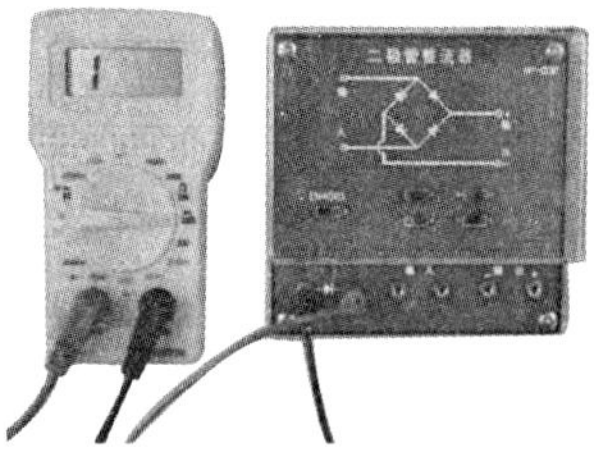	使用万用表二极管挡,使用红表笔测量二极管负极,黑表笔测量二极管正极,二极管此时_____偏置,万用表显示_____,说明_____;若万用表蜂鸣器响,说明_____

3. 二极管特性参数测量

二极管特性参数测量实训步骤见表7-2。

二极管特性参数测量实训步骤表　　　　表7-2

步骤	图示	操作指引
1	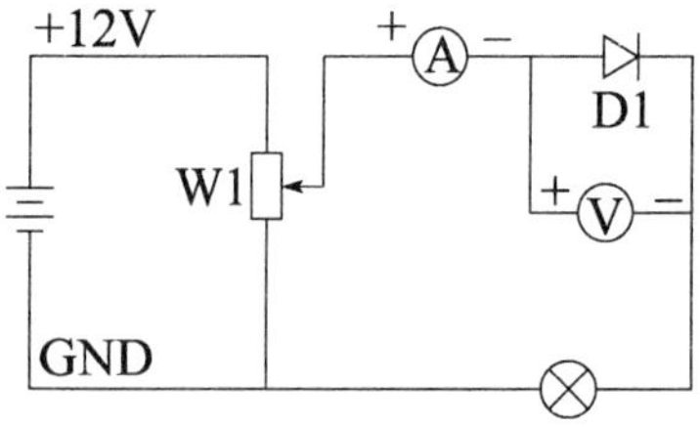	识读电路原理图,说明各电子元器件的作用。 电源:_____; 二极管:_____; 电位器:_____; 灯泡:_____; 电流表:_____; 电压表:_____
2		用连接导线按照电路图,利用实验积木板,连接成完整电路,注意连接前先关闭电源开关
3	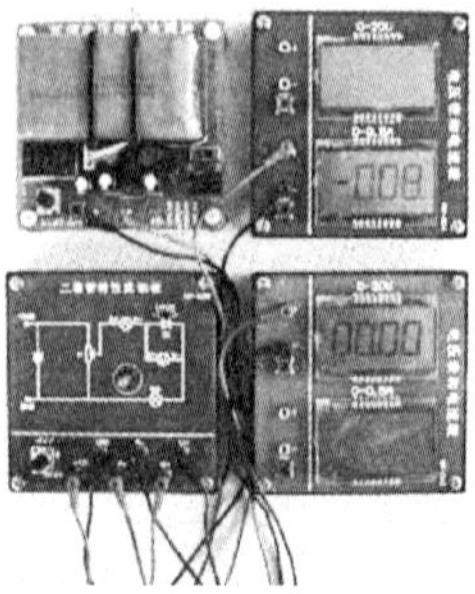	连接好实际的积木电路,检查无误后打开电源、电流表和电压表开关,仔细观察实训现象,并做好相关记录

续上表

步骤	图示	操作指引
4		从左至右缓慢旋转电位器,当二极管两端的电压低于_____时,灯泡_____,电路中电流为_____,原因是_____; 当二极管两端的电压达到_____时,灯泡_____,电路中电流为_____,原因是_____
5		继续旋转电位器,当二极管两端的电压高于_____时,灯泡_____,电路中电流为_____,原因是_____
6	对调电源极性,从左至右旋转电位器,二极管_____偏置,灯泡_____,电路中电流为_____,原因是_____;若继续增大电源电压会出现_____现象,原因是_____	

三、实训评价表

实训评价表见表7-3。

实训评价表 表7-3

姓名:	考核时间:		得分:
考核内容: (1)能正确使用万用表检测二极管; (2)能完成二极管的特性参数测量,并记录数据; (3)能结合实验数据进行简单分析,叙述二极管的伏安特性。			
评价内容	项目	标准	考核记录
准备工作	检查工作场地、设备、工具和维修资料	3	
	认真阅读实训指导手册	2	

续上表

评价内容	项目	标准	考核记录
专业技能	识读电路原理图	5	
	首次使用万用表前进行校准	5	
	二极管的正向偏置测量	5	
	二极管的反向偏置测量	5	
	二极管测量数据记录及分析	10	
	二极管特性参数测量电路的连接	5	
	二极管正向特性参数测量	10	
	二极管反向特性参数测量	10	
	特性参数测量数据记录与分析	10	
安全和整理	身体无受伤、设备未损坏	5	
	工位复位清洁	5	
小组合作	准确清晰填写工单	5	
	学习态度积极主动,能够与小组同学分工协作	5	
	服从实训管理	5	
时间	按时完成作业任务(10min)	5	

  自我检测

一、单项选择题

1. 稳压二极管起稳压作用时,它工作在(　　)状态。
   A. 正向导通　　　　　　B. 方向截止
   C. 反向击穿　　　　　　D. 以上三种均对

2. 半导体三极管是由(　　)个 PN 结构成的半导体元件。
   A. 1　　　　　　　　　B. 2
   C. 3　　　　　　　　　D. 4

3. 半导体三极管在(　　)工作时,大电流 I_C 受小电流 I_B 的控制。
   A. 截止状态　　　　　　B. 放大状态
   C. 饱和状态　　　　　　D. 以上均对

4. 三极管电流分配关系为(　　)。

A. $I_E = I_C + I_B$ B. $I_E = I_C - I_B$
C. $I_E = I_B - I_C$ D. $I_E = I_B \cdot I_C$

5.半导体三极管的文字符号一般用( )表示。
   A. VD B. VT
   C. VS D. LC

二、判断题

1.半导体是导电性能介于导体与绝缘体之间的物质。( )

2.半导体三极管有PNP型和NPN型两种类型,有2个区和2个电极。
( )

3.汽车发电机的整流电路一般用6只硅二极管连接成三相桥式全波整流电路。( )

4.放大电路的3种基本连接方式是:共发射极、共集电极、共基极。( )

5.单相半波整流电路在输入正弦电压的一个周期内,输出的电压只有半个正弦波形。( )

三、多项选择题

1.以下关于半导体三极管的说法,正确的是( )。
   A.它由两个PN结构成
   B.可以利用输入电流控制输出电流
   C.在电路中主要作为放大和开关元件使用
   D.通常分为NPN型和PNP型

2.以下关于二极管工作特性的说法,正确的是( )。
   A.正向导通特性   B.反向截止特性
   C.反向击穿特性   D.电流放大特性

3.二极管在生活中主要用于( )。
   A.整流   B.开关
   C.续流   D.稳压

第八章　数字电路

第一节　数字电路基础

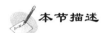本节描述

数字电路的发展与模拟电路一样经历了由电子管、半导体分立器件到集成电路等几个时代。现代汽车的检测电路、音响电路等广泛采用了数字电路技术。本节主要对数字电路基本知识和简单的数制转换进行学习。

> **学习目标**
> 1. 知识目标
> (1) 能叙述数字信号的应用；
> (2) 能叙述数制、数码、权进的含义。
> 2. 技能目标
> (1) 能判断一种波形图是否为数字信号；
> (2) 能进行二进制和十进制的转换。

在电子电路技术中，描述各种物理量的电信号通常分为模拟信号和数字信号两大类。电路中输入、输出信号是连续变化的电流或电压的属于模拟电路。尽管模拟电路具有电路结构简单、无须进行中间转换等优点，但它也存在诸多缺点，如：易受内外部影响，易受到各种干扰和破坏，使输出信号变得失真。

现在更多的场所采用数字电路或利用数字电路来更简便地处理复杂的模拟信号。如在现代汽车行业上得到广泛应用的计算机技术和数字化仪表、检测仪器，都是建立在数字电路的基础之上的。

一、数字信号

在汽车电子电路中，电信号主要在传感器、电子控制单元（Electronic Control

第八章 数字电路

Unit,ECU)及执行器件之间进行传递。电信号通常分成模拟信号和数字信号两类。

模拟信号是在时间上和数值上连续的信号,汽车上如温度传感器检测到的温度、转速传感器检测到的发动机转速都是模拟信号。模拟信号波形图如图8-1所示。

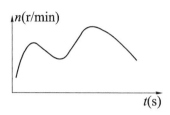

图8-1 模拟信号波形图

数字信号在时间上和数值上都是不连续的,是"高""低"离散间隔变化的信号。如光电式曲轴位置传感器输出的曲轴位置脉冲信号。数字信号波形图如图8-2所示。

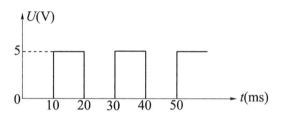

图8-2 数字信号波形图

数字信号传输时,电压值本身没有什么意义,而我们关心的只是有无电压(脉冲)、间隔电压出现的次数(脉冲数量)、高电压或低电压维持的时间(脉冲宽度)等。数字信号与模拟信号的特性不同,在检测时一定要区分开。汽车上传递的电信号绝大部分都是数字信号,表8-1列出了部分汽车传感器输出信号的类型。

部分汽车传感器输出信号的类型　　　　表8-1

序号	输出模拟信号的传感器	输出数字信号的传感器
1	各种可变电阻式传感器	各种霍尔式传感器
2	叶片式空气流量传感器	各种光电式传感器
3	热线式空气流量传感器	卡门涡旋式空气流量传感器
4	冷却液温度传感器	曲轴位置传感器
5	压力传感器	凸轮轴位置传感器
6	节气门位置传感器	各种簧片开关式传感器
7	可变电阻式液位传感器	各种报警电路的传感器

数字信号的特点是只与电平高低的变化有关,而与电平的具体大小关系不大,传递的信息是"有"或"无"、"开"或"关"等非此即彼的关系。这种关系被

称为"二值逻辑"。在二值逻辑中用数字"1"和"0"代表"有"和"无"两种状态,即高电平和低电平两种状态,数字信号便可用由"0"和"1"组成的代码序列来表示。

例如在 5V 集成逻辑门电路中,规定 2.4V 以上为高电平,0.4V 以下为低电平。2.4V 以上的电压译为"1",0.4V 以下的电压译为"0",若电压处于 0.4~2.4V 之间则无输出,正常情况下不允许电路的输出电平处于两者之间(图 8-3)。实际应用时,高电平与低电平既要有差距,又要有一个适当的范围,否则在差距太大时容易造成电路复杂化,差距过小又容易造成识别的可靠性降低。

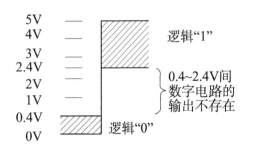

图 8-3　高低电平的范围

处理数字信号的电路就是数字电路,也称为逻辑电路。由于数字电路处理的是状态变换,使得其较模拟电路而言有诸多优点:

(1)在数字电路中只有"0"和"1"两种电平状态的信号,因此,对数字电路的工作要求就是能够可靠地区别信号为"0"和"1"两种状态,故对数字电路的精度要求不高,使得其抗干扰能力得到大大加强。

(2)工作可靠,精度高。信号传递时不容易失真,干扰信号易分离,信号传输速率高,保密性能好。

(3)功能强,易于集成。数字电路电路简单工作可靠高,易于大规模集成。

(4)成本低。数字电路对元件精度要求不高,无须精密机械系统和精密原材料,可采用廉价元件制作,降低了生产成本。

在数字电路中,研究对象是电路的输入与输出之间的逻辑关系,研究的主要问题是电路的逻辑功能。电路中工作的晶体管多数工作在开、关状态下。分析工具是逻辑代数。电路的功能主要用真值表、逻辑函数表达式及波形图等来表达。

二、数的二进制

在日常生活中遇到计数和计算问题,我们已经习惯使用十进制,但因为数字电路只能处理"1"和"0"两种状态,所以在数字电路中广泛采用二进制。二进制包括二进制数和二进制数码。二进制数表示电路状态和数量大小,二进制数码不仅表示数量大小,还可以表示一定的信息,称为代码。

第八章 数字电路

1. 二进制数

人们日常生活中最常用的是十进制,十进制用 0～9 共 10 个数字来表示数量的大小。比如 11,个位上的 1 表示 1 个 1,而十位上的 1 表示 1 个 10,即 10,所谓"逢十进一"。1 与 1 表示的数量不同是因为它们所处的位不同,不同的位具有不同的权重,称为位权。十进制位权的表示方法是 $10^i(i=1,2,3\cdots)$。

在二值逻辑中,只存在两个状态,那么用两个数字 0 和 1 就可以表示所有状态,0 和 1 就构成了二进制,二进制顾名思义就是"逢二进一"。二进制就是以 2 为基准的计数体系,位权的表示方法是 $2^i(i=1,2,3\cdots)$。数字也是从右向左依次排列,如 11(读作"一一"),右边的 1 表示 1 个 1,左边的 1 表示 1 个 2。

2. 数制的基本概念

(1) 数码。

能表示物理量大小的数字符号即数码。例如日常生活中常用的十进制数使用的是 0,1,2,3,4,5,6,7,8,9 十个不同数码;二进制数使用的是 0,1 两个数码。

(2) 数制。

数制是计数制的简称,表示多位数码中每一位的构成方法,以及从低位到高位的进制规则。常用的计数制有十进制、二进制、八进制、十六进制等。

(3) 权。

每种数制中,数码处于不同位置(即不同的数位),它所代表的数量的含义不同。各数位上数码表示的数量等于该数码与相应数位的权之乘积。权即与相应数位的数码相乘从而得该数码实际代表的数量的数。例如:十进制数 123 中:"1"表示 1×10^2,"2"表示 2×10^1,"3"表示 3×10^0,由此可见,10^2、10^1、10^0 分别为十进制数的百位、十位、个位的权。

二进制从低位算起,二进制整数第一位的权(二进制中不同数位的数字代表的数)为 2^0,第二位的权为 2^1,第三位的权为 2^2,第 n 位的权为 2^{n-1},依此类推。权乘上对应该位上的数码就是该位的权数。

如 11011001 中第 3 位的权为 $2^2=4$,权数为 $0\times 2^2=0$,第 4 位的权为 $2^3=8$,权数为 $1\times 2^3=8$。各位的权数如图 8-4 所示。

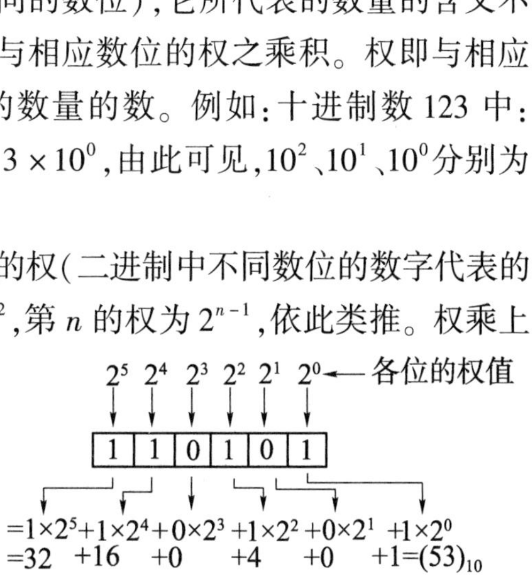

图 8-4 二进制各位的权值

3. 数制转换

由于数字电路只涉及两个数码,故称为二进制运算,与日常生活中习惯使用的十进制运算有所不同。

(1)二进制数转换为十进制数。

将二进制数按权位展开,然后各项相加,就得到相应的十进制数。

【例 8-1】 将二进制数 10011 转换成十进制数。

解:

$(10011)_2 = (1 \times 2^4 + 0 \times 2^3 + 0 \times 2^2 + 1 \times 2^1 + 1 \times 2^0)_{10} = (19)_{10}$

(2)十进制数转换为二进制数。

十进制整数转换为二进制采用"除2取余,逆序排列"法,用2去除十进制整数,可以得到一个商和余数;再用2去除商。又会得到一个商和余数,如此进行,直到商为零时为止,然后把先得到的余数作为二进制数的低位有效位,后得到的余数作为二进制数的高位有效位,依次排列起来。

【例 8-2】 将十进制 $11_{(10)}$ 转换为二进制数。

解:

$11 \div 2 = 5$ 余 1 权 2^0

$5 \div 2 = 2$ 余 1 权 2^1

$2 \div 2 = 1$ 余 0 权 2^2

$0 \div 2 = 0$ 余 1 权 2^3

由此得到十进制 11 的二进制数为 1011,即 $(11)_{10} = (1011)_2$

4. 8421BCD 码

二进制数按照一定的规律组合在一起,表示一定的信息,这样的一组二进制数称为二进制码。最常用的二进制代码是 BCD 码,BCD 码是利用若干个二进制数位来表示一位十进制数的编码。其中,8421BCD 码较为常用,它是以 4 个二进制位代表 1 个十进制数。从左到右,每个二进制位的权分别是 8、4、2、1。8421BCD 码的含义见表 8-2。

8421BCD 码含义 表 8-2

十进制数	8421BCD 码	十进制数	8421BCD 码
0	0000	6	0110
1	0001	7	0111
2	0010	8	1000
3	0011	9	1001
4	0100	10	00010000
5	0101	11	00010001

【例 8-3】 将十进制数 $(219)_{10}$ 转换为 8421BCD 码。

第八章 数字电路

解：

首先将各位值对应8421BCD码，得百位"2"为"0010"，十位"1"为"0001"，个位"9"为"1001"。

因此 $(219)_{10}=(0010\ 0001\ 1001)_{8421BCD}$

注意：从以上例子可知，十位以上的十进制数用二进制与用8421BCD码表达的形式是不一样的，学习时要注意这种差别。

第二节　基本逻辑门电路

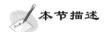

数字电路也称为逻辑电路，门电路是数字电路中最基本的逻辑元件。逻辑电路中实现最基本逻辑关系的电路称为逻辑门电路，简称门电路。本节主要完成与门、或门、非门三种基本逻辑门电路的学习。

> **学习目标**
> 1．知识目标
> (1)能叙述与逻辑、或逻辑、非逻辑的关系；
> (2)能叙述与门、或门、非门电路的原理。
> 2．技能目标
> (1)能理解与门、或门、非门电路的应用；
> (2)能进行与门、或门、非门的逻辑运算；
> (3)能进行与非门、与或门的逻辑运算。

在数字电路中，输入信号是"条件"，输出信号是"结果"，因此，输入、输出之间存在一定的因果关系，称为逻辑关系。门电路是最基本的逻辑元件，它的应用极为广泛，各种逻辑门电路是组成数字电路的基本单元。

所谓门电路，就是一种利用输入信号控制的开关电路，当它的输入信号满足一定条件时，它就允许信号通过，相当于"门开"；当不满足某个条件时，信号就不能通过，相当于"门闭"。门电路的输入信号与输出信号之间存在一定的逻辑关系，因此，门电路又称为逻辑门电路。

计算机通常以与0、1(二进制)相对应的两种状态作为基准进行所有的操作，无论多么大型的计算机，它的操作都是由与、或、非这三种基本操作组成的，也就是说,计算机电路是由与门、或门、非门这三种基本门电路或它们的组合构成的。

一、与逻辑关系和与门电路

与逻辑关系表明的是当决定一种事件的几个条件全部具备后,这种事件才能发生,否则就不发生。与逻辑关系可以用图8-5的汽车远光灯电路来说明。

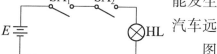

图8-5 与逻辑关系电路

图8-5中汽车的远光灯HL由变光器开关SA_1和前照灯开关SA_2串联控制,远光灯HL只有在变光器开关SA_1和前照灯开关SA_2都闭合(即条件全部具备)时才会亮(事件才能发生)。

图8-6a)表示的是由二极管组成的与门电路,它利用二极管替代开关元件。A、B是它的两个输入端,V1、V2是二极管,经限流电阻R接至电源$+U_{cc}$,Y是输出端。与逻辑的符号如图8-6b)所示。

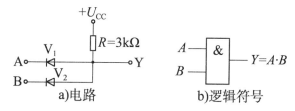

图8-6 与门电路和与逻辑符号

当A点电位为低电位如$V_A=0V$(即逻辑0),B点电位为高电位如$V_B=5V$(即逻辑1)时,则V_1两端因承受较高的电压优先于V_2导通,并把输出端Y的电位钳制在低电位。这时V_2因承受反向电压而截止,从而将B端与Y端隔离开,$V_Y=0V$(即逻辑0)。可以类推,当A、B两个输入端中有任意一端为低电位(即逻辑0)时,则二极管V_1、V_2中至少有一个导通,Y的电位就被钳制在低电位(即逻辑0);当A、B点电位均为高电位时,如$V_A=5V$、$V_B=5V$(即均为逻辑1),则二极管V_1、V_2均不导通,输出端Y的电位处在高电位,$V_Y=5V$(即逻辑1)。

与门的逻辑功能可以通过逻辑状态表和逻辑表达式来描述。逻辑状态表是表明逻辑门电路输入端状态和输出端状态逻辑对应关系的表格,它将输入逻辑变量的各种可能取值和相应的输出值排列在一起而组成。表8-3是与门的逻辑状态表,式(8-1)是与门的逻辑表达式。同一个门的逻辑状态表和逻辑表达式存在一一对应关系,在某些地方可以利用它进行逻辑关系的证明。

与门的逻辑状态 表8-3

序号	输入		输出
	A	B	Y
1	0	0	0
2	0	1	0
3	1	0	0
4	1	1	1

$$Y = A \cdot B \tag{8-1}$$

式(8-1)与普通代数的乘式相似,故逻辑与又称为逻辑乘。从逻辑状态表和逻辑表达式可知与门的逻辑功能为:"有0出0,全1出1"。

与门的输入端可以不止两个,但逻辑关系是相同的。图8-7表示的是四输入端与门,其逻辑表达式为 $Y = ABCD$。

如某车辆的发动机起停系统需要满足驾驶人侧座位安全带扣上、车门关闭、电池电量充足、发动机冷却液温度达到设定温度四个条件才能正常工作,就属于四输入端与门。

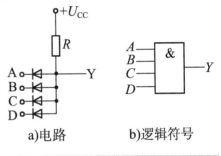

a)电路　　b)逻辑符号

图8-7　四输入端与门

二、或逻辑关系和或门电路

或逻辑关系表明的是当决定一种事件的几个条件中只要有一个条件得到满足,这种事件就会发生。或逻辑关系可以用图8-8的电路来说明。

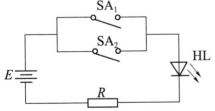

图8-8　或逻辑关系电路

图8-8所示某车辆制动报警灯HL电路,其由驻车制动开关SA_1和制动液面开关SA_2并联控制,只要拉起驻车制动器操纵杆SA_1,制动报警灯HL便会点亮;放松驻车制动器操纵杆SA_1,制动报警灯HL便会熄灭;若放松驻车制动器操纵杆SA_1,制动报警灯HL仍点亮,说明对应的开关SA_2因液面过低而接通,报警灯亮表明制动液液面过低。

图8-9a)表示的是由二极管组成的或门电路,其电路与图8-6相似,只是二极管连接方向相反并由负电源供电而已。同理可以分析,当A、B端全是低电位时,输出端Y也是低电位;当输入端中任一端是高电位时,Y端输出高电位。或逻辑的符号如图8-9b)所示。

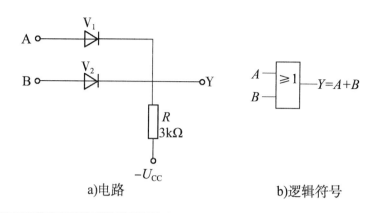

a)电路　　　　　b)逻辑符号

图8-9　或门电路和或逻辑符号

表8-4是或门的逻辑状态表,式(8-2)是或门的逻辑表达式。

$$Y = A + B \tag{8-2}$$

式(8-2)与普通代数的和式相似,故逻辑或又称为逻辑加。从逻辑状态表和逻辑表达式可知,或门的逻辑功能为:"有1出1,全0出0"。或门的输入端同样可以不止两个,但逻辑关系也是相同的。如图8-10中四输入端或门的逻辑表达式为 $Y = A + B + C + D$。

或门的逻辑状态　表8-4

序号	输入		输出
	A	B	Y
1	0	0	0
2	0	1	1
3	1	0	1
4	1	1	1

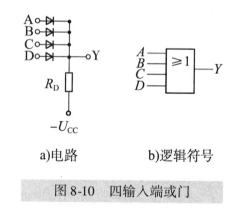

a)电路　　　b)逻辑符号

图8-10　四输入端或门

三、非逻辑关系和非门电路

非逻辑关系表明的是事件和条件总是相反状态。某事情发生与否,仅取决于一个条件,而且是对该条件的否定。即条件具备时事情不发生,条件不具备时事情才发生。非逻辑关系可以用图8-11所示的电路来说明。图8-11中,由开关SA控制灯HL,只要SA闭合,灯HL就因为短路而不亮;SA断开时,灯HL才会亮。非门电路如图8-12a)所示,非逻辑符号如图8-12b)所示。

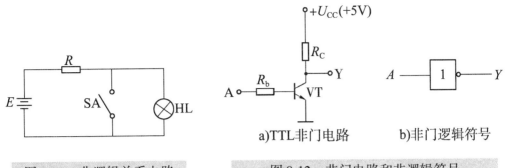

图 8-11 非逻辑关系电路　　　图 8-12 非门电路和非逻辑符号

表 8-5 是非门的逻辑状态表,式(8-3)是非门的逻辑表达式。

非门的逻辑状态　　　　　　　　　　　表 8-5

序 号	输 入 A	输 出 Y
1	0	1
2	1	0

$$Y = \overline{A} \tag{8-3}$$

从逻辑状态表和逻辑表达式可知,非门的逻辑功能为:"有 0 出 1,有 1 出 0"。

四、复合逻辑门电路

与门电路、或门电路、非门电路是最基本的逻辑门电路,将它们组合起来就构成了复合逻辑门电路,可以丰富逻辑电路的功能。如经过不同组合可以构成与非门、或非门、异或门等。

1. 与非门

与非门是与门和非门的结合,先进行与运算,再进行非运算。与运算的结果是两输入乘积;与非门在上述两个数积上进行非运算。如 1 和 1(两端都有信号),与门运算结果为 1,与非门运算则输出为 0。同理,对于与非门运算,若输入为 1 和 0,则输出为 1;若输入为 0 和 0,则输出为 1。简单说就是"有 0 为 1,全 1 为 0"。

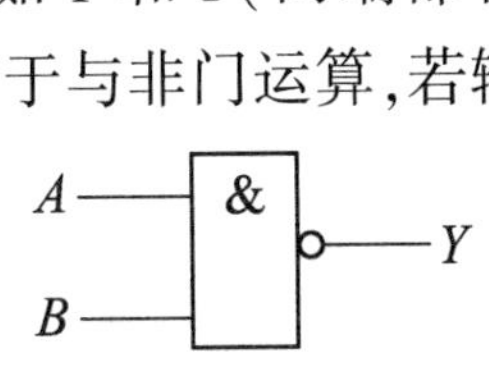

与非逻辑的符号如图 8-13 所示。表 8-6 是与非门的逻辑状态表,式(8-4)是与非门的逻辑表达式。

图 8-13 与非逻辑的符号

与非门逻辑状态表　　　　　　　　　　　　　　　　　　表 8-6

序 号	输 入		输 出
	A	B	$Y = \overline{A \cdot B}$
1	0	0	1
2	0	1	1
3	1	0	1
4	1	1	0

$$Y = \overline{A \cdot B} \qquad (8\text{-}4)$$

2. 或非门

或非门是或门和非门的结合,先进行或运算,再进行非运算。或非运算只有当两个输入 A 和 B 为 0 时输出为 1,也可以理解为"有 1 为 0,全 0 为 1"。

图 8-14　或非逻辑的符号

或非逻辑的符号如图 8-14 所示。表 8-7 是或非门的逻辑状态表,式(8-5)是或非门的逻辑表达式。

或非门逻辑状态表　　　　　　　　　　　　　　　　　　表 8-7

序 号	输 入		输 出
	A	B	$Y = \overline{A + B}$
1	0	0	1
2	0	1	0
3	1	0	0
4	1	1	0

$$Y = \overline{A + B} \qquad (8\text{-}5)$$

自我检测

一、单项选择题

1. 只有决定事物结果的全部条件同时具备时,结果才发生的关系叫作(　　)。

　　A. 逻辑与　　　B. 逻辑或　　　C. 逻辑非　　　D. 复合逻辑

2. 在决定事物结果的诸条件中只要有一个满足,结果就会发生的关系叫作(　　)。

　　A. 逻辑与　　　B. 逻辑或　　　C. 逻辑非　　　D. 复合逻辑

3. 只要条件具备了,结果便不会发生;而条件不具备时,结果一定发生。这种逻辑关系叫作( )。

  A.逻辑与   B.逻辑或   C.逻辑非   D.复合逻辑半导

 4.与非门是与门和非门的结合,其运算为先进行( )与运算,再进行( )非运算。

  A.与、非   B.非、与   C.与、或   D.非、或

 5.或非门是或门和非门的结合,其运算为先进行( )与运算,再进行( )非运算。

  A.与、非   B.非、与   C.非、或   D.或、非

二、判断题

1.数字信号其电压值本身无意义。 ( )

2.二进制只有1、2两个数码,按照"逢二进一""借一当二"的原则进行计数。 ( )

3.与非门运算时,若输入为1和0,则输出为1。 ( )

4.数字"3EC"是采用十六进制来表示的数。 ( )

三、多项选择题

1.常见的计数制有( )。

  A.十进制   B.二进制   C.八进制   D.十六进制

2.数字信号( )参数具有表征意义。

  A.脉冲数量 B.脉冲有无 C.脉冲宽度 D.脉冲电压值

3.以下关于二进制的说法,正确的是( )。

  A.逢二进一 B.逢十进一 C.借一当二 D.借一当十

4.在或非门逻辑中下列哪种情况,得出结果为0?( )

  A.A为0,B为0   B.A为1,B为0

  C.A为0,B为1   D.A为1,B为1

参 考 文 献

[1] 陈文均.汽车电工电子基础[M].2版.北京:人民交通出版社股份有限公司,2021.
[2] 窦敬仁.电工电子技术基础[M].2版.北京:人民交通出版社股份有限公司,2016.
[3] 冯津,马伟.汽车电工电子基础[M].2版.北京:人民交通出版社股份有限公司,2018.
[4] 吴宇.电工电子技术基础[M].北京:电子工业出版社,2014.
[5] 郭艳红.安全用电[M].北京:人民交通出版社股份有限公司,2019.